KB142517

먹는 타이완사

전 세계인을 움직인
음식 문화의 내력

옹자인·조밍쭝 지음
박우재 옮김

먹는 타이완사

글항아리

차
례

먹으면서 찾아가는 타이완의 역사

_옹자인翁佳音

나는 대학에 진학하고 나서야 장화彰化의 농촌을 떠날 수 있었다. 음식을 게걸스럽게 먹으며 배고픔만 채우는 식습관이 이미 몸에 배어 미식에 대한 감각이나 소양은 부족했다. 요리 실력은 더 엉망이라 아들도 눈을 찌푸릴 정도니 애초에 이 분야의 책을 쓸 만한 자격이 없었다.

"부리가 비뚤어진 닭이 쌀을 잘 쪼아 먹는다" "걸귀 들린 개가 돼지 간에서 뼈를 찾는다" "일찍 죽은 고양이가 바다 생선을 먹으려 한다" 등의 속담이 있다. 모두 말도 안 되는 상황을 가리킨다. 나 또한 같은 오류를 범하지 않기를 바랄 뿐이다. 이번 합작 프로젝트는 오랜 친구인 고故 린푸스林富士 교수와 조밍쭝 교수로부터 시작됐다. 음식과 타이완의 역사를 주제로 글을 써보자는 제안에 대한 응답이다.

요리에 대해 말하자면 조밍쭝 교수에게는 탁자 위 귤을 만지는 것만큼 아주 쉬운 일이다. 그는 은퇴 후 맛집을 개업할 생각을 할 정도니 말이다. 이런 음식의 달인과 함께 음식문화를 논한다면 학계나 주방을 멀리하는 연구자들에게 자기네 밥그릇을 빼앗으려 하느냐 같은 비난을 받을 걱정은 하지 않아도 된다.

이번 프로젝트를 결심한 또 다른 이유는 역사학의 관점이었다. 오래전 나도 프랑스 역사인류학의 영향을 받았는데, 그중 알랭 코르뱅A.

Corbin(1932~)의 저서 『감각 혹은 감성의 역사l'histoire des sensibilités』가 큰 울림을 주었다. 나는 이 내용을 '감각기관의 역사'로 바꾸어서 강의했다. 학생들에게 "우리의 역사는 소리가 없고 흑백에 무색무취하여 감각기관을 자극하지 않는다"는 말을 자주 하곤 했다. 40대 때부터 점점 청력이 떨어졌고 지금은 부분적으로 귀가 안 들리는 편인데도 역사의 소리 기호에 대해서만은 예민해졌다. 여기에 의문을 제기해본다. 스톱워치가 없던 근현대의 농촌사회에서 시간의 소리는 어떻게 울렸는가? 전쟁의 역사에서 총과 대포는 언제 울렸는가?(누군가 네덜란드 시대라고 답한다면 틀렸음을 밝혀둔다.) 타이완이 처음 세계사 무대에 등장했을 때 각 민족은 어떻게 소통했는가? 체계적으로 소리의 역사를 전달한 자료가 있기는 하지만 매우 드물다.

　색 역시 그렇다. 최근 서점가에 컴퓨터 기술로 흑백 사진에 색을 입힌 역사책이 나왔다. 그 책을 본 사람들은 아마도 어딘가 어색하고 실제 역사 현장의 색이 아닌 듯하다고 느꼈을 것이다. 컴퓨터로 복원된 컬러 사진은 배경이 천편일률적이고 색수 차가 없다. 사람 사는 세상인데 짙거나 연한 색이 보이지 않는다. 그 이유는 물질문화를 대하는 역사 연구자에게서 찾을 수 있다. 의복의 재질과 색상, 일상 도구와 생태환경에 대한 지식이 부족하여 '복원'된 역사 사진에 기이하고 왜곡된 색상이 스며든 것이다.

　끝으로 맛을 이야기해보자. 대다수의 사람이 감각기관을 통해 겪은 경험은 비슷할 것이다. 고층빌딩이 우리의 숲을 뒤덮기 이전에 도시와 농촌 마을에는 파, 생강, 마늘을 볶을 때 나는 일상생활의 냄새가 흩날렸다. 마유지주麻油鷄酒[참기름 닭백숙] 냄새는 마을에 아이가 태어났음을 알리는 신호였다. 이와 함께 길에서 맡을 수 있었던 사람이나 동물의 분뇨 냄새, 작은 병원의 소독약 냄새 등은 오늘날 대중의 후각에서 거의 사라져가고 있다. 네덜란드 시대 타이난의 타이완Teijouan과 타이완가Star zeelandia는 일본의 나가사키와 밀접한 관계였다. 당시 나가사키에는 '나가사키 냄새'라는 말이 있었고 타이완의 상황도 비슷했다. 고도 타이난에는 국내외 여러 민족이 섞여 살았던 만큼 무엇인가 뒤섞인 냄새와 분위기가 있지 않았을까? 타이완의 역사학자라면 이를 이야기할 수 있지 않을까?

나는 이러한 역사학적인 이유로 소리, 색, 맛 등 감각기관의 역사를 탐구해야 한다고 생각했고 이번에 '맛'을 이야기하는 연구를 시작했다. 조밍쭝과 나는 오랫동안 이 약속을 잊지 않았으며 이 책은 우리의 두 번째 공동 저작인 셈이다. 그 외에도 공동 연구를 두 차례 수행했다. 첫 공동 작업은 어원학(고유명사학) 분야로 지명, 인명, 사물명의 기원에 관한 연구를 오랫동안 진행했다. 공동 저작 중 「식물명食物名」과 「해산물명海產名」 편을 보면 우리의 비슷한 관심사가 드러난다.

또한 우리는 바다의 맛에 관심이 많다. 이 책은 바다와 물고기의 역사 서술에 상당한 비중을 두었다. 유럽인이 쓴 문헌에는 대항해 시대에 선원 등 뱃사람들이 어떤 음식을 먹고 어떤 술을 마셨는지 알기 쉽게 기록되어 있다. 선상의 음식 목록이 존재하기 때문이다(오늘날 비행기나 배에 비치된 식단도 그 전통이 이어진 것이다). 그러나 타이완 바다의 맛은 자료가 그리 많지 않다. 평소에 관련 문서를 읽으면서 기록하여 현재 몇 가지 자료를 모을 수 있었다. 16세기 이래 네덜란드 동인도회사가 타이완을 점령하기까지 꽤 오랜 기간 동안 타이완 원주민과 한족 중국인(모든 한족이 네덜란드 시대에 이주한 것은 아니다)이 양어장을 만들었다. 어부들은 숭어, 숭어알 절임, 동갈삼치, 샥스핀, 정어리 등 값비싼 물고기를 잡아 간단한 가공 작업을 거쳐 중국에 팔았으며 흔하고 값싼 생선은 남겨두고 먹었다. 네덜란드어로 기록된 문헌 중에 타이난의 마더우麻豆항과 자이嘉義시 이주義竹현의 룽자오탄龍蛟潭(지금의 룽커우龍口) 일대에는 과거 양어장으로 썼던 연못이 있었다는 기록이 있다. 이는 대명제국 시대 푸젠福建과 광둥廣東 해안지역의 양식법이 일찍이 타이완에 전파되었음을 보여준다. 일본 시대 이전 타이완 어업의 수출입과 민간에서 생선을 먹는 식습관은 경제적 이유와 밀접한 관련이 있다.

안타까운 점은 음식 조리나 양식업에 관한 자료는 공식 문헌에서 그리 중요하게 다루어지지 않았다는 사실이다. 관련 기록이 산만하게 흩어져 있고 심지어 단편적인 내용에 그친 경우가 허다하다. 나와 조밍쭝은 문헌 자료가 아닌 간접 증거를 찾기로 했다. 우리는 오랜 세월에 걸쳐 형성된 '장취안차오漳泉潮 문화권'과 '남방어족문화권'에서 착안하여 가설을 세웠다. 왕조가 어떻게 교체되었든 간에 문화권 내의 사람은 늘 바닷길에 의지하여 오랜 세월 왕래했으며 음식과 양식 기술 등을 여러 지역으로 전파했을 것이다. 이를 전제로 우리는 특정 어종과 요리에 얽매이지 않기로 했다. 네덜란드인이든 정성공이든 혹은 일본 시대나 1945년 전쟁 이후라도 타이완에 전파한 누군가가 분명 있었을 것이기 때문이다.

예를 들어 산천어 요리인 '우류쥐五柳居'나 바다 생선 등은 요리하기 전에 맛을 돋우거나 냄새를 잡는 벨베팅 과정을 거친다. 이는 푸젠과 광둥 해안 마을의 전통이기도 하다. 이런 요리가 언제 누구에 의해 전해졌는가 하는 문제를 두고, 특히 식사 자리에서 논쟁이 붙는다면 기분이 상할 수밖에 없다. 또 다른 예를 들면, 카레나 '사차沙茶'[뒤의 '조미료' 부분 참조]는 분명 일본 시대[일본이 타이완을 통치하던 1895∼1945년] 또는 전후 시대에 전해졌을 것이라고 믿는 사람이 적지 않다. 그러나 우리가 제기한 문화권의 관점에서 본다면 다른 주장도 가능하다. 샤먼廈門은 오랜 기간 동남아 지역과 교류해왔고 타이완과 샤먼의 관계는 더욱 밀접했다. 청나라 시대에 샤먼으로 전해진 두 조미료가 타이완으로 유입되지 않았다는 것은 상식적으로 말이 되지 않는다.

앞서 언급한 고유명사학과 문화권 이론 등 두 분야의 연구는 이 책의 특징을 이룬다. 독자 여러분이 이 책을 통해 새로운 역사 지식과 함께 그 연구 방법론을 탐색해보기 바란다. 우리가 활용한 방법론이 독자에게 신비한 탐험을 하는 기분을 줄 수도 있을 것이다. 방금 타이완과 샤먼의 밀접한 관계를 이야기했다. 청나라 시대의 문헌인 『샤먼지廈門志』에서 '절인 소고기'에 세금을 부과했다는 내용을 본다면* 아마도 "타이완에서 소를 도축했나?" 하고 바로 되물을 것이다. 여러 문헌을 보면 타이완은 옛날부터 소가죽을 수출하고, 소고기를 먹었다는 기록이 존재한다. 보통 일본 시

---

* 『샤먼지』(1832): "소고기와 사슴고기는 100근에 1.2전錢, 녹포는 1.5전, 절인 달걀은 1000개에 0.5전, 절인 돼지내장과 혀는 100근에 0.3전(이상 샤먼 세관 징수). 녹편, 사슴다리, 노루다리, 노루포, 사슴고기 등은 100근에 2전, 쇠심줄, 말힘줄, 절인 소고기, 소고기포는 100근에 1전, 햄은 100근에 2전 징수."[한 근은 600그램]

대 또는 전후 시대부터 소고기를 먹었다고 생각하는데 사실은 그렇지 않았다.

음식문화와 인식이라는 주제에 대한 개인적인 생각으로 이 글을 마무리하고자 한다. "먹는 일은 황제처럼 존중받아야 한다食飯皇帝大." 그러나 여전히 일부 정치문화론자들은 요리에 빗댄 정치 이야기를 좋아하고 음식남녀를 함부로 논한다. 앞서 언급한 '우류쥐'의 사례처럼 친중국파는 중국 요리라 주장하고, 본토파는 독창적인 요리라 여기며 자신의 견해만 고집한다. 사실 이런 문제는 식후 차 한 잔 정도의 대화 소재에 불과하다. 요리의 탄생과 성장, 현지인의 문화 창조 역사에 더 많은 관심을 기울여야 한다. 타이 식당을 예로 들어보자. 타이 요리는 대부분 1970년대 이후 중국계 이민자들이 만들어 발전시켰다. 타이인의 외식 습관에도 큰 영향을 미쳤지만 여전히 타이 요리다. 일본 요리도 그렇다. 적지 않은 메뉴가 19세기 이후 만들어졌는데, 일본인은 불교의 선식과 화식을 유지하려 노력했으며 이는 오늘날 일본 특유의 음식 철학을 형성했다.

'음식의 타이완 역사' 또는 '타이완 역사 속 음식'은 학술 연구의 제목이기도 하지만 동시에 우리의 감각의 역사이기도 하다. 후각과 미각으로 음식의 정신적 고향을 찾는 과정이다. 실로 자신의 존재를 찾아가는 여정이라 할 수 있다.

끝으로 가장 중요한 내용을 전하자면, 이 책은 역사연구소 출신의 루이팡瑞芳 부편집장이 바쁜 일정에도 문헌 조사 등의 지원을 아끼지 않은 덕분에 순조롭게 출간되었고 착오를 줄일 수 있었다.

역사에 음식의 맛을 더하다

_조밍쭝曹銘宗

옹자인은 나의 오랜 친구이지만 동시에 타이완사 가정교사 같은 사람이다. 앞서 공동 집필한 책『다완, 다위안, 포모사: 포르투갈 항해일지, 네덜란드와 스페인 지도, 청나라와 일본의 문헌에서 찾은 타이완 지명의 진실』은 호평과 함께 많은 관심을 받았다.

당시 옹자인의 중앙연구원 타이완사 연구소의 동료인 잔쑤쥐안詹素娟은 짧은 추천의 글을 통해 "한 명은 재능과 지식을 겸비하여 역사 사료에서 다른 사람이 놓친 부분을 알아내는 사학자이며, 다른 한 명은 후각이 예민하고 기운 넘치는 필치의 기자"라고 우리 둘을 소개했다.

같은 연구소 동료인 쉬쉐지許雪姬는 "두 작가의 학식과 표현력은 계동乩童과 탁두桌頭 같다"고 말했다.

계동은 신명을 받들어 신의 뜻을 전하는 사람이고, 탁두는 그를 도와 신이 전하는 말을 인간의 말로 통역하는 사람이다. 타이완에서 흔히 쓰는 속담으로 우리 둘의 합을 재미있게 표현했다. 쉬쉐지는 농담처럼 말했지만 옹자인과 나는 우리 둘의 협업을 신기할 정도로 정확하게 표현했다고 생각했다.

나는 문화부 기자 출신으로 취재의 세 가지 원칙을 지킨다. 좋은 주제를 발굴하여 적합한 전문가를 찾아 정확한 답을 얻어야 한다. 나와 옹자인의 협업 방식이 그렇다. 내가 질문을 찾아 관련 자료를 모으면 그는 자료를 보충하고 어려운 문제를 해결한다. 최종적으로 내가 다시 정리한다.

내 눈에 비친 옹자인은 타이완 통사에 정통한 학자다. 중국어, 일본어, 영어 사료는 물론이고 초기 네덜란드, 스페인 시대의 문헌에도 정통하다. 특히 장로교회에 몸담고 있어 네덜란드, 스페인 시대 문헌 중 로마자로 표기된 장취안어漳泉語 어휘와 옛 타이완어의 의미도 잘 파악한다. 남들이 보지 못하는 것을 보는 사람이다. 나는 질문을 잘한다. 그의 능력을 자극하여 답을 찾도록 하고 그 답을 해석하여 간명하게 다듬어 독자에게 제공한다.

나는 또한 2~3일에 한 번씩 시장을 찾는 '소비자이자 요리사'다. 타이완 역사를 좋아하기 때문에 『궁전의 신세: 타이완 음식명 소고』(2016), 『날치, 갑오징어, 꽃게: 타이완 해산물명 소고』(2018) 등 두 권의 책을 썼다. 옹자인은 서문에서 "나라는 백성을 근본으로 삼고, 백성은 양식을 하늘로 여긴다. 음식은 역사학의 영원한 주제이며, 음식의 전파는 국제적인 문화 교류"라고 했다.

음식문화의 형성은 자연환경에서는 지리, 기후, 생물종과 관계되고, 인문환경에서는 민족, 문화, 역사의 영향을 받는다. 타이완은 생물 다양성과 문화 다양성을 갖춘 섬이다. 여러 민족이 앞서거니 뒤서거니 서로 다른 음식문화를 가져오면서 '다원 융합'의 특색을 형성했다.

『먹는 타이완사』는 2020년 9월 나와 옹자인 그리고 우리의 친구인 중앙연구원 고 린푸스 박사의 저녁 식사 자리에서 시작되었다. 그날 우리 세 사람은 둥베이자오東北角의 해산물 식당에서 별미를 즐겼다. 린푸스는 나와 옹자인에게 앞으로도 협업을 이어나가 역사 맥락에서 타이완 음식문화를 알려주는 글을 쓰도록 격려했다. 이틀 후 내 머릿속에서 '먹는 타이완사'라는 책 제목이 떠올랐고, 바로 린푸스에게 알리자 그도 적극 동의했다. 안타깝게도 그는 2021년 6월 병으로 세상을 떠났고 이 책의 서문도 쓸 수 없게 되었다.

이 책은 '타이완사'라는 이름처럼 타이완 역사 속에서 타이완 음식의 기원과 변화를 씀으로써 타이완 음식문화의 맥락을 그려내고자 했다. 1부에서는 쌀, 밀, 설탕, 차, 술, 조미료, 절임고기 및 식보, 빙과류, 매운맛 등의 역사를 소개했고, 2부에서는 범선 음식, 돼지 간의 가격, 통조림 등의 특징을 담았다.

타이완에 식용 동식물이 유입된 시기는 대략 네덜란드 시대(1624~1662)까지 거슬러 올라간다. 청나라의 타이완 관련 문헌에도 '종출하란種出荷蘭' '종출조와種出爪哇' '종출교류파種出咬嚼巴' 등의 표현이 자주 보인다. 해당 동식물은 네덜란드인이 인도네시아 자와섬의 자카르타에서 타이완으로 들여왔음을 의미한다. 그 밖의 관련 문헌에는 '종출여송種出呂宋'도 보이는데 필리핀 루손섬에서 온 품종을 말한다.

그러나 이 책에서 주장하는 바는 일부 동남아시아 음식은 네덜란드 시대 이전에 타이완으로 유입되었으며 더 이른 시기에 형성된 두 개의 문화권을 통해 전래했다는 사실이다.

먼저 장취안차오漳泉潮 문화권이다. 푸젠성의 장저우, 취안저우, 광둥성의 차오저우 사람들은 언어적으로 같은 민난어계에 속한다. 타이완과 동남아시아 지역을 왕래하며 16세기에 이미 장취안차오 문화권을 형성했다. 이로부터 네덜란드인보다 먼저 타이완에 들어온 장취안차오 이민자가 동남아시아의 음식을 가져왔을 가능성을 유추할 수 있다.

그리고 남도어족南島語族 문화권이다. 일찍이 중국인이나 유럽인보다 앞서 타이완과 동남아시아의 남도어족 사이에서 왕래가 이루어지면서 '남도어족 문화권'이 형성되었다. 타이완 원주민도 직접 동남아 음식을 들여왔을 수 있다.

이 책에서는 다양하고 맛있는 많은 음식 이야기를 역사 속에서 찾아낸다.

대항해 시대 유럽인과 중국인은 배에서 무엇을 먹었는가?

타이완에는 언제부터 빵 굽는 요리사가 있었을까?

타이완 버블티는 원래 어떤 모습이었는가?

타이완이 최초로 수출한 차는?

타이완인은 언제부터 소고기를 먹었는가?

빨간색과 노란색 깡통의 토마토 케첩 연어 통조림은 무엇이 다른가?

고추는 왜 다이동아라고 불리는가?

그 근원을 찾다보면 역사가 음식을 한층 더 맛있게 해줄 것이다.

타이완 요리 달걀두부

타이완 맛의 역사

타이완은 독특한 지질, 지형, 지리적 위치로 인한 '생물 다양성'과 '문화 다양성'이 있는 나라다. 산과 바다의 풍부한 물자와 음식문화가 집약된 섬이다.

타이완의 생물 다양성은 무엇을 말하는가? 타이완은 다양한 지질(암석, 토양)과 지형(고산, 구릉, 오름, 평원, 분지, 계곡, 해안, 작은 섬)을 갖추었다. 또한 고산지대가 많아 각종 기후(열대, 아열대, 온대, 한대)와 다양한 온도의 해류(구로시오 해류, 북방연안류, 서남계절풍에 의한 해류)가 만나는 지역이다. 빙하기에는 유라시아 대륙과 연결되어 해양과 대륙의 생태자원이 모여 있다. 타이완은 작은 면적이지만 상대적으로 매우 풍부한 생물종을 갖고 있다.*

타이완의 문화 다양성은 무엇을 말하는가? 타이완은 유라시아 대륙과 태평양의 교차점으로 대륙에서 멀지 않은 섬이며, 해양에서는 서태평양 연안 제도의 중심지다. 동중국해와 남중국해 사이에서 동북아와 동남아를 잇고 있다. 타이완은 세계 교통의 요지로 고대 시대부터 여러 민족이 활동한 무대이기도 하다.

타이완은 원래 남도어족 원주민이 촌락을 이룬 사회로 17세기 이후

---

* 타이완의 생물 다양성은 세계적으로도 유명하다. 타이완의 육지 면적은 지구 육지 총면적의 1만분의 0.2에 불과하지만 확인된 생물종은 5만 종 이상으로 세계 생물종의 2.5퍼센트에 이른다. 이는 나라별 평균치의 100배 수준이다. 타이완 해역의 해양생물 종류는 전 세계의 10퍼센트로 나라별 평균치의 400배에 해당된다.

중국인 위주의 이민 사회가 형성되었다. 네덜란드, 스페인, 정씨 왕국, 청나라, 일본, 중화민국 정권의 통치를 겪으면서 오늘에 이르렀다. 여러 민족이 앞서거니 뒤서거니 가져온 음식문화는 이 섬에서 전승되고 뒤섞였으며 융합과 혁신을 거듭하면서 '다원혼융多元混融'의 특색을 이루었다.

타이완 원주민의 음식문화

타이완의 원주민은 2014년 기준, 중앙정부가 인정한 16개 민족이 있다. 역사적으로 한족漢族에 동화되었지만 지금까지도 명맥을 잇고 있는 핑푸平埔족까지 모두 남도어족에 속한다.

인류학 학설에 따르면 타이완은 남도어족의 고향으로 5000여 년 전부터 전 세계로 퍼져나갔다. 남쪽으로는 오세아니아의 뉴질랜드, 동쪽으로는 남미대륙 서쪽의 이스터섬, 서쪽으로는 아프리카 동쪽의 마다가스카르로 이동하는 등 태평양과 인도양을 건너갔다고 한다. 일부 유전학자들은 남도어족이 동남아시아의 섬 지역에서 발원했으며 한 집단은 북쪽으로 이동하여 타이완에 도착했고, 일부는 동쪽으로 이동하여 멜라네시아와 폴리네시아에 닿았다고 말한다.

남도어족에 속하는 여러 민족이 바닷길로 왕래하며 음식문화가 전파되었을 수도 있으므로 더 많은 연구가 필요하다.

남미가 원산지인 고구마는 일반적으로 15세기 말 스페인인이 세계에 퍼뜨렸다고 전해진다. 그러나 최근 방사성 탄소연대측정법에 따르면 태평양 중남부 폴리네시아의 쿡 제도에는 1210년에서 1400년 사이에 이미 고구마가 있었다고 한다. 항해에 능숙했던 남도어족 사람들이 유럽인보다 먼저 중남미 대륙에서 고구마를 가져왔을 수 있다는 추론도 가능하다.*

유럽인들이 16세기 중반 동남아시아와 동아시아에 도착하기 전부터 타이완과 동남아시아에 있는 남도어족의 여러 민족은 서로 왕래하면서 '남도어족 문화권'을 형성했다. 타이완에는 남아시아와 동남아시아가 원산지인 식물 종이 적지 않다. 17세기에 이르러 네덜란드인이나 스페인인이 가져온 것이라고 단정할 수는 없다. 인도네시아 자와섬이 원산지인 갯농어의 양식 기술도 네덜란드인을 거쳐 타이완에 전파되었다고 확신하기는 어렵다. 당시 네덜란드인은 타이완에서 주로 무역 활동에 종사했는데, 갯농어 양식은 그만한 경제적 가치가 없었기 때문이다.

타이완 원주민은 일찍이 촌락 생활을 하며 사냥, 어업, 채집, 농작물 재배, 양식 등으로 생계를 해결했다. 전통적으로 생식, 절임, 찜, 훈제 같은 음식 본연의 맛을 유지하는 조리법을 이어나갔다. 타이완 원주민의 음식 문화에는 고산과 해양 지대의 음식이 혼재하고, 좁쌀과 산나물을 동시에 즐기는 등 독특한 특징이 있다. 최근에는 원주민이 전통적으로 먹었던 타이완 원시 생물종인 '산지밭벼山地陸稻'나 타이완 퀴노아로 불리는 '홍려紅藜' 같은 작물과 각종 약초 등이 현대인의 큰 관심을 받고 있다.

---

* 영문 위키피디아의 Sweet potato 참조. 폴리네시아는 하와이, 뉴질랜드, 이스터섬 사이의 구역을 가리킨다.

네덜란드와 스페인 시대의 음식문화

17세기 초, 네덜란드와 스페인 사람들이 타이완을 통치하던 시기 (1624~1662)에 이들과 동남아의 중국인들은 유럽, 미주, 남아시아, 동남아시아에서 다양한 식용작물을 들여왔다.

청나라의 타이완 관련 문헌을 보면 유럽이 원산지인 완두콩과 양배추, 아메리카가 원산지인 옥수수, 고구마, 땅콩, 가지, 고추, 슈거애플, 구아바, 남아시아가 원산지인 망고, 바질, 바라밀, 그리고 동남아시아가 원산지인 자와 사과가 이 시기에 들어왔다고 한다.

네덜란드인은 타이완 남부를 식민 지배하며 사탕수수와 벼 등의 작물을 재배하여 설탕이나 쌀을 수출하기도 했다. 이는 타이완 최초의 농업경제였다. 당시 네덜란드인은 푸젠에서 중국인을 고용하여 바다 건너 타이완 남부 지역으로 보내 농사를 짓게 했고, 펑후澎湖와 장저우漳州에서 경작용 소(황소와 물소)를 들여오기도 했다.

네덜란드와 스페인이 타이완을 통치한 기간은 그리 길지 않아 유럽의 음식문화가 남아 있지 않은 듯하다. 그러나 개신교와 천주교의 종교의식을 거행할 때 빵과 포도주가 필요했기 때문에 타이완에서도 빵을 만들었다고 추측할 수 있다. 실제로 네덜란드의 문헌에는 당시 타이완 남부 지역에서 빵을 굽는 중국인을 고용했다는 기록이 있다.

푸젠·광둥의 음식문화

네덜란드와 스페인에 앞서 타이완에는 소수의 푸젠·광둥 출신의 이민자들이 들어왔다. 네덜란드는 많은 푸젠 사람을 고용하여 타이완에서 농사를 지었다. 여기에 정씨 왕국의 2만 군대가 타이완으로 건너와 토지를 개간했다. 이로부터 푸젠·광둥 출신의 이민자를 중심으로 중국인 사회가 형성되었다.

같은 민난어계인 푸젠의 장저우, 취안저우泉州, 광둥廣東의 차오저우潮州 사람들은 타이완과 동남아를 왕래하며 '장취안차오 문화권'을 형성했다. 초기의 범선은 필리핀의 루손섬과 푸젠 사이를 왕래했으며 타이완 남부의 헝춘恒春, 가오슝高雄, 타이난臺南 등을 중간 경유지로 삼았다. 만약 푸젠성의 대표 도시인 푸저우福州로 바로 가려면 지룽基隆도 중간 경유지가 된다. 타이완의 장취안차오 지역 이민자 또한 동남아시아의 음식문화를 받아들였다고 유추할 수 있다.

푸젠·광둥 출신 이민자는 고향의 종교, 명절, 풍속 등과 관련된 음식문화를 가져왔다. 예를 들면, 종교의 공물은 전병과 채식 문화가 되었고, 사당과 시장의 주변에서는 샤오츠小吃(간식) 문화를 형성했다. 맛있는 음식을 나눠 먹으며 인정을 나누던 식사 자리는 잔치문화의 밑바탕이 되었다.

타이완의 푸젠·광둥 이민자는 음식의 절약과 절제를 중시했다. 음식 재료를 귀하게 여기며 남김없이 이용하여 특색 있는 요리로 발전시켰다.

타이완에는 전통적으로 장저우 요리, 취안저우 요리, 차오저우 요리가 많았는데, 특히 푸젠성의 성도인 푸저우 요리는 중국의 8대 요리 중 하나인 푸젠 요리의 대표이기도 하다. 그 밖에도 객가客家 요리 중 쌀과 절임 채소는 특색이 강한 문화로 손꼽힌다.

일본 시대의 음식문화

일본이 타이완을 통치하던 50년(1895~1945) 동안 일본과 서양의 음식 외에 많은 농작물과 가축, 수산물 등이 들어와 개량되면서 타이완의 음식 문화는 풍성해졌다.

서양 음식은 청나라 말기인 1858년 개항한 이후 타이완에 들어왔다. 그러나 일본 시대에 근현대 문화가 유입되면서 우유, 커피, 홍차, 간식, 양식, 아이스크림 등이 타이완에서 유행을 일으키며 대표적인 서양 음식이 되었다.

당시 일본인은 일본 요리와는 다른 타이완 음식을 구분하기 위해 '타이완 요리'라는 표현을 만들었다.* 처음에는 푸젠 요리가 주류였고, 1920년대에는 '주가 요리酒家菜'라 불리는 고급 연회 요리가 발전했다. 타이완 요리는 일본 요리와 융합되었고, 뒤이어 광둥, 쓰촨四川, 심지어 멀리 장쑤江蘇, 저장浙江, 베이징北京 등의 요리도 타이완에 진출했다.

전후의 음식문화

전후 중화민국 정부가 들어서면서 중국 각지 출신의 이민자가 고향의 음식문화를 가져왔다. 중국의 10대 요리로 손꼽히는 쓰촨, 후난湖南, 광둥, 푸젠, 장쑤, 저장, 안후이安徽, 베이징, 산둥, 후베이湖北 요리 또한 타이완에서 개량과 혁신을 거치면서 정착했다.**

---

* 당시 일본인은 '일본어'를 구분하기 위해 타이완에서 가장 보편적인 언어였던 장취안어를 '타이완어'라고 불렀다. '타이완어'는 이때 생겨난 단어다.

중국의 면 음식이 유행하면서 훗날 쌀 중심의 전통적인 타이완 음식 문화를 양분할 정도로 성장했다.

전후 미국의 중국원조법(1948)으로 설립된 중국농촌부흥연합위원회 (농부회, 행정원 농업위원회의 전신)[한국의 농림축산식품부에 해당]는 1950년 부터 1960년대까지 재정과 전문 인력, 기술 등을 지원했으며, 농작물과 가축의 품종을 개량하며 타이완 농업의 기초를 다지고 발전을 이끌었 다.*** 미국은 타이완을 지원하기 위해 미군 고문단을 파견(1951~1979) 했고 이 시기에 미국의 음식문화와 패스트푸드 등이 타이완에 들어왔다.

1970년 이후 경제가 빠르게 발전하며 서민 경제도 크게 성장하기 시 작했다. 타이완 국민의 해외여행이 자유화되며 각국의 유명한 음식이 타 이완에 소개되었고 외국 식당도 나날이 늘어났다.

1990년대 이후에는 국제결혼으로 입국한 신 이민자가 늘어나면서 베 트남과 타이 요리도 해를 거듭하며 보편화되어 오늘날에 이르렀다.

전후 시기부터 지금까지 타이완 농업은 기술 도입과 품종개량 등 발 전을 지속하면서 우수한 농업 환경을 조성하고 있다.

**   전후 타이완의 인구는 약 600만 명 수준이었지만, 1945~1950년에 약 150만 명에 이르는 중국 군인과 민간인이 타이완으로 이주했다. 이는 타이완 전체 인구의 4분의 1 수준으로 타이완 경제와 사회에 준 구조적 충격은 상당했다.
*** 미국은 한국전쟁 발발 후 타이완에 경제, 기술, 군사 부문에 걸쳐 원조를 강화하기 시작했다. 대규모 차관을 제공하여 타이완의 악성 인플레이션을 억제하고, 외환보유고 부족 문제를 해결하 도록 지원했다. 또한 전력, 교통, 댐 등 사회 기반시설 건설을 통해 농림어업과 중소기업 등 산업 전반의 발전을 이끌면서 타이완의 재정 안정과 경제 발전에 크게 공헌했다.

타이완 음식문화의 발전

타이완 음식문화는 그간 내실을 다지며 성장했으며 샤오츠는 상당히 매력적인 관광자원이 되었다. 타이완 샤오츠는 다양한 민족의 음식문화가 만들어낸 특징이자 자산이다. 수만 곳에 이르는 샤오츠 점포가 전국 각지의 야시장, 사당 주변, 노변, 시장, 백화점 식품코너 등에 자리를 잡았고 일반 식당과 오성급 호텔 심지어 국빈 연회에까지 등장할 정도다.

다양한 종류와 저렴한 가격으로 일상에서 쉽게 접할 수 있는 샤오츠는 적은 돈으로도 그 값어치 이상의 맛을 보여준다. 경제가 일정 수준 이상 성장한 나라에서는 매우 독특한 사례라고 할 수 있다. 타이완이 발명한 버블티는 이미 세계 시장을 풍미하고 있다.

타이완의 요식업계는 역동적인 분위기를 바탕으로 수준 높고 특색 있는 타이완 요리를 추구하며 계속 성장하고 있다. 또한 지속 가능한 농업, 생태환경 보호, 푸드 마일리지 등 새로운 개념을 도입하고 적용하며 새로운 음식문화를 형성하고 있다.

1부

무엇을 먹었는가

쌀

타이완은 기후가 온화하고 습도가 높아 벼농사에 적합하다. 쌀은 타이완의 전통 주식인 만큼 관련된 속담이나 표현도 많다. "같은 쌀을 먹어도 사람은 제각각"이란 속담이 있다. 남을 힐난할 때는 "쌀을 먹으면서 쌀값은 모른다"라고 한다. 그리고 자신을 위로할 때는 "때가 되면 뭐든 된다. 쌀 없으면 고구마죽"이라고 한다.

'밥'은 원래 익힌 곡식류를 가리킨다. 중국어에는 좁쌀밥, 흰쌀밥, 찹쌀밥, 수수밥 등이 있다. 그러나 타이완어에서 '밥'은 익힌 쌀을 뜻한다. 밥에 대한 가장 생생한 표현은 '식반황제대食飯皇帝大'로, 밥 먹는 일은 가장 중요하기 때문에 방해받거나 중단되어서는 안 된다는 의미다.

인류가 벼를 심고 쌀을 먹은 역사는 무척 오래되었다. 고고학 연구에 따르면 8000년~1만 년 전에 이미 벼를 재배했다. 하지만 현재 세계 식량 작물의 총생산량은 옥수수가 가장 많고 벼, 밀, 보리가 뒤를 잇고 있다.

타이완의 밭벼와 논벼

벼는 생장에 필요한 수분의 양에 따라 논벼와 밭벼(또는 한도旱稻)로 나눌 수 있다. 논벼의 연간 경작 횟수는 기후의 영향을 크게 받는다. 온대 지역에서는 한 번, 아열대와 열대 지역에서는 두 번에서 세 번 수확이 가능하다. 밭벼는 더위에 강하여 물 부족으로 관개가 필요한 내륙이나 산지에서 재배하며 보통 1년에 한 번 수확한다.

타이완 원주민의 주식인 좁쌀은 오늘날에도 많은 산지 촌락에서 재배되고 있다. 좁쌀은 벼가 아닌 조에서 수확하며, 타이완은 예로부터 밭벼 농사를 지었다.

고고학 조사를 통해 핑둥屛東현 헝춘恒春의 '컨딩유적지墾丁遺址'에서 왕겨 무늬가 새겨진 토기 조각이 발견되었고, 타이난臺南 신주新竹의 '난커 유적지南科遺址'에서도 볍씨 화석이 발견되었다. 적어도 신석기 중기(약 4000~5000년 전)에 선사시대 원주민이 밭벼를 재배했음을 보여주는 증거다. 지금도 소수의 원주민 촌락에서 밭벼 농사를 짓고 있다.

타이완의 논벼는 17세기 전후 시기 푸젠 사람들이 도입했다고 알려져 있다. 그러나 더 이른 시기에 같은 '남도 문화권'인 동남아시아에서 유입되었을 가능성도 있다. 『제일란디아 요새 일지』 제2권에는 타이베이 쑹산松山 지역에 사는 리족里族의 '도원稻園'(네덜란드어 rijsvelden, 영어 ricefield) 이라는 기록이 있기 때문이다.

스페인의 문헌에도 관련 기록이 있다. 스페인인은 타이완 북부를 통치하던 시기(1626~1642)에 타이완섬 밖에서 쌀을 조달한 것 외에도 단수이淡水 지역의 원주민인 마싸이馬賽족, 이란宜蘭 지역 원주민인 카발란噶瑪蘭 족에게서 쌀을 구매했다고 한다. 또 전에 카발란족의 습격을 받은 스페인인들이 복수하려 했지만 군사력이 부족하여 행동에 옮기지 못했다는 기록도 보인다.*

네덜란드 문헌을 보면 네덜란드인이 스페인인에게서 지룽鷄籠(지금의

PURSUED BY WATER-BUFFALOES.

19세기 말, 타이완 산림을 탐험하던 탐험대가 야생화된 물소 떼를 만나 달아나고 있다. 『런던 뉴스London News』, 1890. 3. 8

지룽基隆)을 빼앗은 이후 이란에 가서 카발란족에게 쌀을 구매했으며 지룽에는 관개용 저수 시설이 있었다고 한다.

네덜란드와 정씨 왕국 시기, 타이완에는 푸젠·광둥의 이민자가 크게 늘어 중국인 사회를 형성할 정도였다. 이들이 가져온 벼농사 및 관개 기술에 힘입어 타이완은 쌀 생산지로서 이름을 알리기 시작했다.

네덜란드 식민지 시기(1624~1662), 타이완은 자급자족의 농경수렵

* J. E. Borao, *Spaniards in Taiwan: 1582~1641* 참조.

사회였다. 사탕수수, 쌀 등을 위주로 단일 작물의 농업경제가 발전하기 시작했다. 당시 고구마와 벼를 대량으로 재배하여 수출했다. 네덜란드는 푸젠에서 모집한 중국인을 타이완 남부로 보내 농사를 지었으며 펑후彭湖에서 경작용 소를 가져오기도 했다.

타이완에는 원래 소가 없었다. 원주민의 언어에도 소를 특정해서 가리키는 명사가 없다. 카발란어로는 소를 qabaw 또는 vakka라고 불렀지만 그 어원은 스페인어의 caballo(말)와 vaca(소)다.

타이완 소는 네덜란드인이 인도네시아에서 가져왔다는 설이 있다. 그러나 당시 인도네시아에서 범선으로 소를 운송하는 건 결코 쉬운 일이 아니었다. 펑후는 남송시대에 중국의 영토로 편입되어 일찍이 정착한 중국인이 농사를 지으며 소를 길렀다는 기록이 있다. 네덜란드의 『제일란디아 요새 일지』에는 펑후에서 소를 수입했다는 내용이 자주 보이지만 인도네시아나 인도에서 소를 수입했다는 기록은 없다.

이후 네덜란드인은 타이난에서 소를 방목하여 키웠는데 시간이 지나며 이 소들이 사방으로 흩어졌다. 청나라 강희康熙 연간에 초대 타이완 어사로 부임한 황숙경黃叔璥은 『대해사차록臺海使槎錄』(1722~1724)에 "타이완에는 큰 무리를 이룰 정도로 야생 소가 많다. 포획하고 사육하는데 집에서 키우는 소와 다르지 않았다"고 적었다.

청나라 시대 푸젠과 광둥의 이민자가 대거 타이완에 들어와 곳곳에서 원주민을 침략하고 토지를 개간했다. 쌀 생산이 크게 늘어 '내지'(중국)에 팔기도 했다. 푸젠의 장저우와 취안저우는 줄곧 타이완 쌀을 공급받았다.

타이완 벼의 다양한 품종

벼는 함유한 전분의 점성에 따라 크게 세 종류로 구분한다.

·**인디카**: 아열대와 열대 지역에서 자라며 점성이 낮고 입자가 가늘며 길다. 식감은 딱딱하면서 찰기가 약하다.

·**자포니카**: 온대와 한대 지역에서 자라며 점성이 비교적 높다. 입자가 둥글고 짧다. 중간 정도의 부드러운 식감이다.

·**찰벼**: 인디카와 자포니카 모두 변종으로 찰벼가 있는데, 점성이 가장 강하다. 입자가 가늘고 긴 것이 인디카, 둥글고 짧은 것이 자포니카다. 부드럽고 촉촉한 식감이다.

타이완은 청나라 시대에는 중국 남부, 동남아시아, 남아시아와 같이 인디카와 찰벼뿐이었다. 자포니카는 일본 시대에 유입되었다.

당시 온대 지역에서 1년 1모작의 자포니카 품종을 재배하던 일본은 타이완의 기후가 논벼를 재배하기에 적합하며 일본의 식량 부족 문제 해결에 도움이 될 것이라고 봤다. 일본인은 오랜 세월 일본의 부드러운 자포니카를 먹었기 때문에 약간 딱딱한 타이완의 인디카는 익숙하지 않았다.

인디카   자포니카   찰벼

그런 이유로 타이완 총독부 농업시험소는 일본의 벼 경작과 육종 전문가인 이소 에이키치磯永吉를 찾았다. 자포니카를 타이완에서 시험하고 개량하며 1년 2모작 또는 3모작이 가능한 품종을 개발했다.

1926년 타이완 총독부는 신품종 쌀을 '펑라이미蓬萊米'로 명명했다. 일본에서는 타이완을 펑라이셴蓬萊仙섬이라 불렀기 때문이다. '펑라이미'는 다시 일본으로 수출되었다.

'펑라이미'의 성공으로 이소 에이키치는 '펑라이미의 아버지'라 불리며 공을 인정받았다. 타이완은 위도상 아열대와 열대 사이에 있어서 온대 품종인 자포니카를 재배할 수 있는 북반구의 최남단 지역이 되었다.

2019년 타이완 중앙연구원 식물·생물학 연구소의 특임연구원 싱위이邢禹依 박사 연구팀은 타이완 고유종인 '산지밭벼'의 유전자를 연구하여 100년 전 일본의 자포니카 품종이 타이완에서 성공적으로 재배된 이유를 밝혀냈다. 당시 타이완의 '산지밭벼'의 꽃가루가 시험 재배 중이던 자포니카로 날아가 교배가 이루어지며 타이완 환경에 적응할 수 있는 내성이 갖춰졌던 것이다.*

타이완 민간에서 쌀을 부르는 명칭은 전통적으로 '미米'(인디카)와 '수미秫米'(찹쌀)뿐이었다. 새로 개발된 '펑라이미'와 구분하기 위해 기존의 쌀

---

* 중앙연구원 간행물 『옌즈유우砑之有物』가 2019년 12월 3일 싱위이 박사의 벼 유전자 연구에 관한 기사를 게재했다. 약 100년 전 타이중주臺中州[지금의 타이중, 장화, 난터우] 농업시험장에서는 일본의 '카메지龜治'와 '신리키神力'의 교배 실험을 진행하고 있었다. 근처에서 재배 중이던 산지밭벼의 꽃가루가 신품종인 타이중 65호까지 날아와서 새로운 교배가 이루어졌다. 이 품종은 더 이상 일조량의 영향을 받지 않았으며, 1년 2모작이 가능했다.

은 '재래미在來米'라고 불렀다.**

이후 타이완의 자포니카 경작량이 인디카보다 많아졌고 타이완인들이 일상에서 먹는 흰쌀밥도 점차 인디카에서 자포니카종인 펑라이미로 달라졌다. 일본 시대부터 생산한 '훙뱌오 미주紅標米酒'에도 펑라이미를 사용하기 시작했다. 타이완에서는 인디카로 밥을 짓지는 않지만 쌀겨, 쌀가루, 쌀국수, 도넛, 떡 등에는 인디카가 필요하므로 수요는 여전히 많다.

전후 타이완으로 이주한 외성인外省人[국공내전 이후 건너온 중국 출신 이주민]의 대부분은 펑라이미가 먹기 좋다고 하지만 일부는 고향에서 먹던 인디카를 그리워하기도 한다. 타이베이의 런아이로仁愛路 3돤段에 있는 중국 음식 전문 노포인 '중난반점忠南飯店'은 항상 펑라이미와 재래미 두 종의 쌀을 사용하며 이를 밥솥에 표시해둔다.

타이완은 인디카, 자포니카, 찹쌀 등 세계적인 3대 쌀 품종을 모두 재배하면서 다양하고 풍성한 쌀 문화를 형성했다.

타이완인의 밥 짓는 방법

1950년대 일본에서 가정용 전기밥솥이 개발되자 타이완에도 밥을 짓는 방법에 혁신적인 변화가 생겼다. 1955년 도쿄 시바우라전기(지금의 도시바)는 기계식 전기밥솥을 출시했다. 안쪽 솥에 쌀을 넣고, 바깥 솥에는 물

** 일본 한자 '在來'는 '줄곧' '내내' 등을 의미한다. 일본 철도의 재래선在來線은 신칸센 이전의 철도로 두 철도는 궤간이 다르다. 타이완의 '재래미' 또한 '펑라이미'가 개발되기 이전 모든 쌀의 총칭이다.

ひとりでに ……………
美味しい御飯がたける！
東芝電気釜（自動式）
御飯が程よくたけると同時に自動的
にスイッチがきれるようになってい
ます。
6合用　600ワット
3,200円

도시바 전기밥솥 광고(1956)

다퉁전기밥솥

을 넣어 수증기가 생길 때까지 가열하면 안쪽 솥에 있던 쌀은 밥이 된다. 전기밥솥은 큰 화제를 모으며 빠르게 일본 가정에 자리 잡았다.

1960년 타이완 기업 다퉁大同은 일본의 도시바와 합작으로 '다퉁전기밥솥大同電鍋'을 출시하여 큰 인기를 얻었다. 이후 일본에서는 추가로 물을 넣을 필요가 없는 신제품이 등장했지만 '다퉁전기밥솥'은 오늘날까지도 판매되고 있다.

타이완에 전기밥솥이 널리 쓰이기 전에는 대부분 가정에서 직접 불을 붙여서 밥을 지었다. 가스가 등장할 때까지 땔감과 석탄을 연료로 썼다. 19세기 중엽, 유럽의 '성냥'이 널리 퍼지지 않았던 시절에는 부시와 부싯돌로 불을 지폈다. 부시로 부싯돌을 두드릴 때 일어나는 불꽃을 초에 붙여서 불을 밝히거나 취사할 때 사용했다. 당시 가정마다 필수품이었음은 물론이고 외출 시 휴대할 수 있어 동아시아와 동남아시아에서 크게 유행했다.

취사를 준비할 때, 부시로 부싯돌을 두드릴 때 일어난 불꽃이 땔감 부스러기나 마른 나뭇잎에 떨어져 불이 붙으면 불씨가 생긴다.

청나라 광서제 시절 『안평현잡기安平縣雜記』에는 타이난에 '부싯돌을 쪼는 사부琢火石司阜'가 있다면서 "부싯돌은 모두 시암에서 가져왔으며, 쇠도끼로 쪼아 조각내고 부시로 때려 불을 취했다"는

부시와 부싯돌

기록이 있다. 이런 사료를 바탕으로 청나라는 타이에서 부싯돌 덩어리를 수입했으며 사부라 불리는 전문가가 도끼로 작게 조각내서 판매했음을 유추할 수 있다.

옛날에는 거의 모든 집에 벽돌이나 돌을 쌓아 만든 부뚜막灶脚이 있었다. 부뚜막은 불을 지펴 음식을 조리하는 설비다. 부싯돌로 불씨를 일으켜 아궁이 안에 있는 땔나무나 석탄에 점화한 후 관을 입으로 불어서 불꽃을 키우면 아궁이 위 '큰 솥'에 담긴 생쌀은 밥이 된다. 이런 이유로 타이완에서는 주방을 부뚜막이라고 부르기도 한다. 부뚜막은 가구 수를 세는 단위이기도 했다. 부뚜막 하나는 한 가구를, 부뚜막 세 개는 세 가구를 가리킨다. 타이완어에 '한 부뚜막'이란 말은 '모두가 한 식구'라는 표현

이다.

옛날에는 부엌에 두 개의 아궁이를 쓰기도 했다. 한 곳에서는 밥을 짓고, 다른 한 곳에서는 음식을 조리했다. 두 솥을 교대로 사용하기도 했으며, 마지막에는 남은 불로 물을 데워 목욕물로 썼다.

부뚜막에서 밥을 지으려면 우선 쌀을 씻어야 한다. 타이완에서는 쌀을 씻은 물을 푼phun이라고 불렀으며 유백색의 쌀뜨물은 세수하거나 가축에게 먹이는 데 이용했다. 씻은 쌀을 솥에 넣고 물을 부어 끓이면서 국자로 저어주고 여분의 쌀뜨물을 건진다. 쌀이 물을 흡수하면 더 이상 젓지 않고 뚜껑을 덮어 가열한다. 솥 바닥에 밥이 눌어붙어 누룽지가 생긴다. 타이완어로는 '풍피飯疕', 중국어로 '궈바鍋巴'라 부르는 간식거리다. 그리고 쌀을 끓인 물인 미음은 먹을 수도 있고 옷에 풀을 먹일 때도 사용한다.

타이완 쌀의 새로운 이미지

타이완은 쌀을 생산하고 주식으로 먹고 있지만 누구나 흰쌀밥을 먹을 수 있던 건 아니었다. 가난한 이들에게 쌀밥은 사치품이었다. 제2차 세계대전 말기, 타이완은 일본에 의해 전쟁에 휘말렸고 식량이 부족해졌다. 전후 시대에는 국민당 정부가 타이완을 접수한 후, 국공내전을 위해 타이완 쌀을 대륙으로 가져갔기 때문에 타이완에는 쌀 부족 문제가 심각했다.

쌀이 부족하던 시절의 타이완인들은 밥을 지을 때, 길게 채 썬 고구마를 쌀보다 많이 넣었다. 고구마채밥 또는 고구마죽이라 불린 이 음식은 지금은 힘들었던 시절을 떠올리게 하는 추억의 맛이 되었다.

일본 시대에 서양 문화와 서양식 밀 음식이 들어왔지만, 타이완인의 주식은 여전히 쌀이었다. 전후 시대, 국민당 정부와 함께 들어온 중국 출신 이주민 중에는 밀을 주식으로 하는 인구가 많았다. 게다가 당시 국제 쌀값이 밀가루보다 비싸지자, 정부는 쌀을 수출하여 외화를 벌어들이기 위해 분식 장려 정책을 추진했다. 쌀 소비가 줄어들면서 타이완은 점차 쌀과 밀을 같이 먹는 나라가 되었다.

경작 비용이 나날이 상승하면서 타이완은 국제적으로 쌀 수출국으로서의 경쟁력을 잃고 있다. 내수와 수출 모두 위축되며 생산량도 감소하자, 정부는 쌀 관련 제품 소비를 독려했다. 1980년대부터 타이완의 농업은 활로를 찾기 위해 우량 품종을 개발하여 벼의 품질을 개선하고 유기농 재배를 확대하는 등 새로운 시장을 개척해왔다. 이와 함께 쌀과 농업 교육을 강화하여 쌀밥의 전통을 되살리고 있다. 쌀로 만든 음식 소비를 진작하고 쌀 문화를 재정립하는 등 타이완 쌀의 이미지를 쇄신하고 있다.

밀

타이완은 남방의 섬으로 전통적으로 쌀이 주식이었다. 시간이 지나면서 밀가루 음식도 발전하여 오늘날에는 쌀과 밀의 섭취량이 비슷한 수준이 되었다. 타이완은 대대로 쌀농사가 주류여서 쌀음식 문화가 발달했다. 필요한 밀과 밀가루는 수입에 의존했기 때문에 타이완의 밀 농사는 별다른 관심을 받지 못했다. 그러나 타이완에서도 밀을 생산한다.

분식을 장려하는 정부 포스터(1963)

밀은 온대 작물로 저온 환경에서 잘 자라지만 더위에 강한 일부 품종은 북위 18~50도 지역에도 분포한다. 보리의 환경 적응력은 밀보다 더 뛰어나다. 북위 22~25도에 있는 타이완에서는 밀과 보리 모두 경작할 수 있다.

네덜란드 시대의 밀농사

17세기 『바타비아 요새 일지』에 따르면, 네덜란드가 타이완을 통치하던 시기(1624~1662), 늦어도 1643년부터는 오늘날의 헝춘 지역에서 보리^{Gerst}를 재배했으며 1644년부터는 지금의 타이난에서 밀^{Tarwe}[Gerst와 Tarwe는 네덜란드어다]을 재배했다. 그 이전에는 수입에 의존한 듯하다.

생산량이 제한적이어서 네덜란드는 1648년에 밀로 술을 만드는 것을 금지했다. 그러나 보리는 그런 제한이 없었다.

청나라 『대해사차록』(1722~1724)은 "맥아에는 대맥大麥과 소맥小麥이 있으며 소맥이 가장 좋다"라고 기록했다. 『봉산현지鳳山縣志』(1722)에도 "보리는 입동에 심어 청명에 익는다. 3, 4월 사이에 청색에서 황색으로 변하려는 시기에는 곡식으로 삼을 만하다" "밀은 한겨울에 심어 초여름이 되면 갈아서 면으로 만드는데 쓸모가 매우 크다"라는 기록이 있다.

당시에도 메밀을 심었는데 "가을에 심어 겨울에 익는데 갈아서 가루로 만들어 먹으면 '염한斂汗'에 효과가 있다"고 기록되었다. '염한'은 중의학에서 허한 체질과 다한증을 치료하는 요법이다.

기록을 종합해보면 타이완에서는 17세기 이후 적은 양이지만 밀과 보리를 재배해왔다는 사실을 알 수 있다.

네덜란드 시대 문헌에는 타이완 남부 지방에서 밀과 보리를 재배했다는 기록이 있다. 청나라 시대, 타이완의 여러 지역에 푸젠·광둥의 이민자가 많았기 때문에, 토지와 기후가 적당하기만 하면 맥류 작물을 심었을 것이다. 오늘날 윈린雲林현의 '마이랴오麥寮'라는 지명도 전통적으로 밀과 보리를 재배하고 거래했던 역사와 관계가 있을 것이다.

일본 시대, 타이완 총독부는 타이중에서 타이난까지의 해안가 평야 지역에 밀 재배지를 확대했다. 전후 타이완 밀 재배는 주로 타이중 다야 大雅에 집중되었으며, 2004년부터 매년 3월 밀이 익어갈 무렵 '다야 밀 축제'가 열린다.

밀가루, 분식 그리고 식당

밀은 벼보다 딱딱하여 생으로 먹으면 식감이 좋지 않다. 대부분 갈아서 각종 밀가루 음식을 만들어 먹는다.

옛날에는 소가 끄는 맷돌에 갈아서 가루로 만들었다. 타이완어로 '구보牛磨'라 불렸으며, 밀가루 전문점은 반드시 세금을 내야 했다.

국수는 대개 밀가루로 만든다. 청나라의 『펑후기략澎湖紀略』은 생일을 맞은 주인을 축하하러 온 손님에게 '수면壽麵'이라는 국수를 대접했다고 기록했다.

밀가루로 떡이나 바오쯔包子[소 있는 찐빵], 만터우饅頭[소 없는 찐빵] 등도 만들었다. 또한 떡의 일종으로 제사에 쓰이는 몐구이麵龜나 연로자의 생일을 축하하는 훙타오紅桃(서우타오壽桃) 등이 있다. 당시의 만터우는 망자를 기릴 때 쓰는 음식이었다. 부모상을 치르고 제를 지낼 때 빠지지 않는 음식이었다.

이 밖에도 밀가루로 글루텐을 만들거나 굵은 설탕과 돼지기름을 넣고 볶아서 '몐차麵茶'[좁쌀죽]를 만들기도 했으며 소금을 첨가하여 발효시킨

'몐장麵醬'을 양념으로 썼다.

전통 여름 별미인 선초 젤리仙草凍에도 밀가루가 들어간다. 청나라 초기『타이완부지臺灣府志』(1685)에는 "신선초에서 짜낸 즙을 밀가루와 반죽하여 끓인다. 삼복 중 동결시킨 신선초를

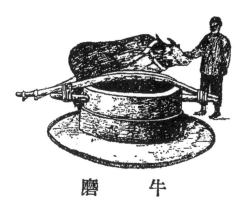

磨 牛

『타이완일본어대사전』에 나오는 우마도牛磨圖

꿀물과 함께 먹으면 더위를 해소할 수 있다"는 기록이 있다.*

당시의 시장에는 '면포麵舖' 또는 '면병포麵餠舖' 등이 영업 중이었고, 점포마다 '병점사부餅店司阜(스푸師傅)' '포자점사부包仔店司阜(스푸師傅)'라 불리는 전문가가 있었다.

타이완의 원주민과 푸젠·광둥에서 온 초기 이민자는 좁쌀이나 쌀을 주식으로 삼았다. 밀 음식은 하루 세끼 사이에 먹는 빵이나 케이크 같은 간식거리點心였다.**

---

* 중국의 삼복더위는 여름철 초복, 중복, 말복을 가리키며 1년 중 가장 더운 30~40일의 기간이다.

** 일본 시대의 문인 롄헝連橫은『타이완어사전臺灣語典』(1933)의 부록「아언雅言」편에서 "타이난은 뎬신點心이 풍부하여 셀 수 없을 정도로 많다. 시장에서 단몐擔麵이란 음식을 파는데 타이완에 모르는 사람이 없을 것이다. 면 요리는 보통 채소를 밑에 두고 고기와 다진 새우, 후추를 첨가한 다음, 뜨거운 국물을 그릇에 부으면 김이 오르고 향기가 코에 닿는다. 초경初更[밤 9시]이 지나면 장사꾼들이 멜대擔를 지고 다니다가 거리 곳곳에 자리를 잡고 팔기 시작한다. 불러도 가지 않으면 손님의 신뢰를 저버리게 된다"고 말했다.

타이난의 유명한 야식인 '단짜이몐擔仔麵'을 묘사한 글이다. 말 그대로 어깨에 지고 다니면서 파는 면이다. 전통적으로 작은 대접을 쓰는데, 타이완인이 생각하는 간식의 정의에 맞는 양이다.

타이완에는 오늘날까지도 쌀밥을 먹어야 제대로 한 끼 식사를 했다고 여기는 사람이 많다. 누군가는 밀가루 음식만으로는 제대로 먹었다고 느끼지 못할 수도 있다.

타이완은 언제부터 서양식 빵을 먹었을까

서양식의 구운 빵은 언제 타이완에 들어왔을까? 일본 시대(1895~1945)라고 말하는 사람이 많을 것이다. 빵은 타이완에서 보통 '팡phang'이라고도 부르는데 이는 일본어 '판パン'에서 유래했다.

일본인이 쓰던 '판'이란 단어가 점차 타이완의 언중 사이에 스며들었다. 그러나 빵은 일본인이 발명한 음식이 아니다. 일본어 '판'은 포르투갈어 pao를 음역한 말이기 때문이다. 15~17세기 대항해 시대에 포르투갈인이 16세기 중반 가장 먼저 일본에 도착했고 빵을 포함한 서양 음식을 전했다.*

많은 이들이 빵을 뜻하는 '몐바오'를 원래부터 있던 중국 표준어로 알고 있는데 사실은 푸젠 방언에도 이와 비슷한 어휘가 있었다. 청나라 시대

---

* 유럽에서 빵은 포르투갈어로 pao, 스페인어로 pan, 프랑스어로 pain, 이탈리아어로 pane로 표기하며 발음은 비슷하다.

타이완어 phang은 새로 만들어진 중국어 단어다. 2010년 타이완 제빵사 우바오춘吳寶春은 프랑스 파리에서 열린 '제빵 월드컵Coupe du Monde de la Boulangerie'에서 우승하고 가오슝에 '우바오춘 마이팡麥方' 제과점을 열었다. 마이팡은 麥과 方을 합친 조어로, 중국어를 조합하여 만든 최초의 타이완어 단어다.

2013년, 영화감독 린정성林正盛은 우바오춘의 성장과 분투를 영화화한 「세계 제일 마이팡世界第一麥方」을 감독했다.

타이완 교육부는 『타이완민난어상용어사전』에 타이완어 'phang'을 의미하는 글자를 '麭'로 수록했지만 널리 사용되지는 않는다.

편찬된 『샤먼영어대사전廈英大辭典』(1873)에 이미 '멘바오'가 수록되었다.**
일본 시대의 『대일대사전臺日大辭典』(1932)에도 멘바오麵包(mi-pau), 궈쯔멘
바오菓子麵包, 훙멘바오烘麵包 등의 어휘가 실려 있었다.

일본인은 외국 음식을 개량하는 재주가 있는지 오랜 시간에 걸쳐 일
본의 전통 음식으로 만들었다. 메이지 시대, 일본은 단맛이 나는 전통 간
식인 '과자'를 서양의 빵과 합쳐서 단팥빵 같은 제품을 만들기도 했다.

일본 시대 타이완의 빵은 크게 두 종류로 나뉜다. 하나는 식빵, 즉 서
양식 토스트빵이다. 다른 하나는 일본식 단빵이다.

이 외에도 일본에서 '아게빵'이라 불리는 튀긴 빵이 들어왔다. 대개 타
원형 모양이며 강력분을 사용한다. 소금, 설탕, 달걀, 버터, 효모 등을 더해
반죽하여 발효와 팽창 과정을 거친다. 여기에 빵가루를 묻혀서 튀기면 겉
은 바삭하고 속은 부드러운 식감이 느껴진다(보통 카레를 소로 쓴다). 오늘
날 타이완의 '지룽 먀오커우廟口 영양 샌드위치'의 원조처럼 보인다.

청나라 시대 이미 빵이 있었지만 널리 알려지지는 않았다고 유추할
수 있다. 실제로 타이완에서 빵의 역사는 조금 더 이전인 17세기 초의 네
덜란드-스페인 시대로 거슬러 올라가야 한다.

네덜란드의 『제일란디아 요새 일지』에 따르면 당시 네덜란드인은 통

** 청나라 말기 스코틀랜드 장로회 목사 카스테어 더글러스가 편찬한 『샤먼영어대사전』에 따
르면, 민난어의 샤먼 방언 bin-pau는 영어의 bread로, pau는 영어의 a sort of round soft cake로
번역했다. 또 스코틀랜드 장로회 목사인 윌리엄 캠벨William Campbell은 『샤먼어신사전』(1913)
을 편찬하면서 '麵'이라는 단어를 bīn 혹은 mī로 발음했는데, 이는 발효된 밀가루로 만든 빵인 멘
바오麵包를 의미했다.

기름에 튀긴 빵

밀wheatbread을 자주 먹었다고 한다. 네덜란드인이나 중국인, 원주민 중 기독교 신자들도 종교활동에서 빵과 포도주를 먹었을 것이다.

당시 네덜란드인은 중국인을 고용하여 빵을 굽는 제빵사로 일을 시켰다. 또한 네덜란드인은 빵을 만들때 설탕 사용량과 빵의 무게, 쌀을 섞을 수 있는지 등을 법률로 정했으며, 두 언어로 된 공고문을 '콴가寬街'(타이난 안핑샤오중가安平效忠街)에 붙였다. 콴가의 네덜란드어 이름은 Broodestraat, 즉 영어의 '브로드웨이'다.

당시 타이난 지역 시라야西拉雅어 성경의 마태복음을 보면 '오병이어' 의 기적에 등장하는 전병이나 빵을 Paoul이라고 불렀다. 밀가루 음식을 뜻하는 민난어의 '파우아包仔'와 매우 비슷하게 들린다. 당시 시라야어에 민난어 어휘가 유입된 것으로 보인다. 또한 시라야어에서 빵 굽는 사람을 소이후Soihu라고 불렀는데 사부師傅를 뜻하는 민난어의 '사이후司阜'와 매우 유사하다.

종합해보면 푸젠·광둥 이주민이 가져온 고향의 밀 요리와 네덜란드, 스페인, 일본 시대에 들어온 서양식 빵은 17세기 이래 쌀 중심의 타이완 음식문화에서도 한 자리를 차지하고 있다.

타이완 밀 음식문화의 확장

타이완의 밀 문화는 제2차 세계대전 이후에 크게 발전했다. 중국 각지에서 이민자가 몰려들었고 그중 면을 주식으로 하는 지역에서 각양각색의 면 요리도 함께 왔다.

미국 원조를 기념하는 포스터

당시 시대적으로 두 가지 요소가 작용했다. 우선 미국은 전후 국내 밀 재고분을 처리해야 했다. 미국산 밀을 수입하도록 여러 나라를 설득하는 동시에 밀가루 산업의 발전에 필요한 자금과 설비, 기술을 지원하면서 밀의 영양학적 가치를 확립하고 선전했다. 타이완이 미국의 원조를 받는 동안(1951~1965) 각종 민생 물자에는 밀이 빠지지 않았다. 당시 기독교와 천주교 선교활동에도 무료로 밀가루를 제공하여 민간에서는 이들을 '밀가루교麵粉教'라 희화화해서 부르기도 했다.

그때까지 타이완 쌀은 수출 주력 상품이었다. 전후 물자와 외화가 부족해지자 정부는 쌀 수출을 더욱 늘려서 외화를 벌어들이고자 했다. 1954년부터 '쌀 대신 밀' 정책을 대대적으로 실행했다. 밀가루 산업을 발전시키고 민간에서 쌀 대신 면 음식을 많이 먹도록 장려했다.

이런 배경에서 타이완의 밀가루 요리는 풍성하게 발전했고 지금까지 이어져오고 있다.

타이완인은 다양한 밀가루 음식을 즐긴다. 사오빙燒餅, 유탸오油條, 훈툰餛飩, 찐만두水餃, 샤오룽바오小籠包, 만터우大饅頭, 충유빙蔥油餅, 부추만두韭菜盒子 등은 일상 음식이 된 지 오래다. 타이완 샤오룽바오의 대표 브랜

1962년의 중국농촌부흥연합위원회. 정부는 "영양가 있는 분식을 많이 먹자" 같은 표어로 분식을 장려했다.

빵을 일컫는 타이완어가 처음으로 만들어졌다.

드인 '딘타이펑鼎泰豐'은 해외시장을 개척하며 1993년에는 『뉴욕 타임스』가 선정한 세계 10대 레스토랑에도 이름을 올렸다.

타이완의 전통 면 요리는 원래 단짜이몐擔仔麵, 체짜이몐切仔麵 등 면을 익힌 후에 기름을 두르는 유몐油麵(숙면熟麵)과 기름에 먼저 튀겨 모양을 만드는 이몐意麵 등 두 가지가 주류였다. 전후 타이완에는 양춘몐陽春麵, 광둥몐廣東麵, 훈툰몐餛飩麵, 마장몐麻醬麵, 자장몐炸醬麵, 다루몐大滷麵, 자차이러우쓰몐榨菜肉絲麵 등 다양한 중국의 면(생면生麵) 음식이 알려졌고, '쓰촨식 훙사오뉴러우몐川味紅燒牛肉麵'[대만식 우육면]이 새로 개발되기도 했다.

또한 스파게티, 일본 라면 등 해외의 면 음식이 타이완에서 인기를 끌었다.

최근에는 타이완의 면 소비가 늘어나면서 수입 밀을 재가공한 밀가루가 시장의 90퍼센트를 차지할 정도다. 밀과 쌀 소비가 비슷한 수준이 되면서 타이완의 음식문화도 다채로워졌다.

조미료

타이완은 물자가 풍부한 섬이다. 산과 바다에서 나는 음식 재료는 오랜 시간, 다양한 민족의 조미료와 어우러지며 다채로운 타이완 음식을 만들어냈다.

'조미료'는 음식의 맛을 조절하는 재료로 소금, 설탕, 식초, 간장 등을 가리킨다. 또한 조미료는 음식의 간을 맞추고, 향을 더하며, 비린내를 없애는 등의 효과로 요리의 풍미를 배가한다.

사방이 바다인 타이완은 제염업 전매제도를 2002년이 되어서야 폐지했다. 그러나 소금의 수급은 차질이 없었다. 타이완의 기후는 사탕수수 생장에 적합하여 오래전부터 원주민들은 사탕수수를 재배한 것으로 보인다. 네덜란드 시대부터 발전한 설탕 제조업 덕분에 설탕도 부족하지 않았다. 타이완은 일찍이 소금과 설탕 등 기본적인 조미료를 모두 갖추었다.

타이완 원주민의 조미료

타이완 원주민의 조미료 중 가장 유명한 것은 '식수유'와 '마가오'다.

식수유 식수유[머귀나무]는 운향과 초피나무속 낙엽교목으로 낮은 산지에서 자란다. 중국에서 식용과 약용으로 쓰이는 '식수유'는 가지가 조밀하

식수유

고 날카로우며 매운 향이 난다. 타이완어로는 츠충刺蔥[자극적인 파]이라고 불렸으며 민간에서는 '조불답鳥不踏'으로 불렸다.

주로 식수유 잎을 먹었는데 산초와 레몬, 시트론을 혼합한 향이 난다. 생선, 고기, 콩류 등을 삶을 때 넣으면 비린내를 없애고 풍미를 좋게 한다.

예로부터 타이완의 핑푸와 산간 지역 원주민은 식수유 잎의 맛을 잘 알고 조미료로 사용했다. 현재 다수 원주민의 언어와 핑푸족 계열의 바짜이㘉宰어와 시라야어로는 '타나'라고 부른다.*

오늘날 난터우南投는 식수유를 활용한 기름, 양념장, 술, 전병, 케이크 등 지역 특산물을 출시하고 있다.

---

* 　타이완 행정원 원주민위원회 『원주민족언어온라인사전』에 따르면 눙부어, 타이야어, 싸이샤賽夏어, 아메이阿美어, 라아루와拉阿魯哇어, 카나카나푸卡那卡那富어, 베이난卑南어, 파이완어 등은 모두 식수유를 '타나'(또는 비슷한 발음)라고 부른다. 그 외에 사오邵어는 '타타낙', 싸이더커賽德克어는 '상가', 타이루거太魯閣어는 '분국' 등으로 불렀다.
이들 원주민 언어에서 식수유에 대한 표현으로는 "채소를 끓일 때는 식수유를 넣어야 한다" "식수유로 달걀을 부치면 맛있다" "생선국에 식수유를 넣으면 맛있다" "식수유와 토란 줄기를 같이 끓이면 맛있다" "어떤 음식이든 식수유와 함께 끓이면 맛있다" 등이 있다.

마가오 '마가오馬告'는 녹나무과 까마귀쪽나무속 낙엽교목으로 주로 산의 중턱 또는 낮은 지대에서 생장하지만, 해발이 높은 지역에서 자라기도 한다. 중국인은 과실을 조미료로 썼으며 모양이 후추와 비슷하여 '산후추山胡椒'[메이창, Litsea cubeba]라고 부르기도 했다. 타이완 원주민인 타이야泰雅족은 '마가오'라고 부른다.**

마가오

렌헝連橫의 『타이완통사』 중 「목지속木之屬」 편에는 "산후추 과실은 작지만 향이 난다. 북부 지역의 원주민은 이를 채집하여 소금으로 사용한다"고 기록했다. 이 '산후추'가 타이야족이 말하는 '마가오'다.

쉐산雪山산맥의 치란棲蘭 지구는 편백나무 군락으로 유명하다. 전통적으로 이곳에서 살아온 타이야족은 이 지역의 여러 산에서 나는 산후추를 '마가오'라고 부른다. '마가오 회나무국가공원'이라는 이름도 여기서 유래했다. '마가오'는 타이완 원주민의 언어가 타이완 중국어의 식물명이 된 사례다. 타이완에서는 대부분 산후추를 '마가오'라고 부른다.

** 타이완의 다른 원주민도 마가오를 먹는다. 그러나 부르는 이름은 달랐다. 싸이샤어는 '마어우', 쩌우鄒어는 '마푸'로 불렀다.

마가오의 열매를 햇볕에 말리면 검은색으로 변하며 생강이나 시트론 향이 난다. 타이야족은 마가오를 빻아 물에 타서 마시거나 고깃국을 끓일 때 사용한다. 타이야족에게 마가오는 맛을 내는 조미료이자 위를 튼튼히 하고 양기를 보호하는 효과 외에도 생기를 북돋우고 자손이 번성한다는 의미도 깃들어 있는 식물이다.

오늘날에는 '마가오 닭백숙' '마가오 소시지' '마가오 바비큐치킨' '마가오 오리구이' '마가오 생선찜' 등 인기 있는 지역 특산 메뉴가 되었다.

푸젠·광둥 이민자가 가져온 조미료

푸젠·광둥의 초기 이민자들은 당시 식초, 간장, 산초, 후추 등 중화요리에 널리 쓰이는 조미료를 가져왔다.

후추의 원산지는 인도 남부로 당나라 시절에 이미 중국에 전해졌다. 중국에는 원래 산초가 있었는데, 후추라는 이름은 여기서 유래했다. 인도 남부의 후추는 16세기 인도네시아와 말레이시아에서 재배되었고 타이완 의 후추 또한 동남아시아에서 직접 전해졌다.*

초기 역사 시대, 타이완의 교역 대상은 중국만이 아니라 동북아시아 의 류큐, 일본 및 동남아시아 문화권도 포함된다. 16세기 이래 타이완은 원주민의 '남도어족 문화권'과 민난어계를 필두로 하는 '장취안차오 문화 권' 등 두 문화권에 속해 있었다. 이러한 배경에서 남아시아의 카레, 동남 아시아의 사차沙茶 등은 자연스럽게 타이완의 문화권으로 전해졌다. 카레 와 사차는 19세기 중반 중국의 장취안차오 지역과 광둥성 차오산潮汕 일대에서 널리 쓰였으며 타이완도 그 영향을 받았다. 그러나 카레는 일본 시대에, 사차는 전후 시기에 더 크게 확산됐다.

간장은 대두에 소금과 물을 넣고 발효시켜 만든다. 중국은 당나라 시대부터 간장을 양조했다고 알려진다. 이후 한국, 일본으로 전파되어 동아시아 지역의 대표 조미료가 되었다. 중화요리에서 없어서는 안 되는 조미료다.

간장은 '대두로 만든 소금물豆味濃鹽水'이라 말할 수 있다. 이와 비슷한 조미료로 생선으로 만든 어장이 있다. 당시 구하기 쉬운 생선으로 만들었으며 간장보다 이른 시기에 등장했다.

액젓과 피시소스 미국의 언어학자인 댄 주라프스키Dan Jurafsky의 연구에 따르면 5세기 이전에 중국 남부 연해 지역의 주민들은 생선을 절여서 음식을 보존했고 병처럼 둥근 통에 생선과 익힌 밥, 소금을 넣고 대나무 잎으로 덮어 발효시켰다. 이렇게 생선을 절여서 만든 액젓을 민난어로는 Ke-Tchup이라 했다. Ke는 절인 생선을, Tchup은 장을 뜻했다. 17세기에 이르러 배를 타고 동아시아에 온 영국과 네덜란드의 선원 및 상인들은 이 Ke-Tchup이라 불리는 중국의 절인 생선과 액젓을 고향에 가져갔다.

---

* 고추, 후추, 산초 등은 이름은 다르지만 모두 초椒의 일종이다. 그러나 고추(가지목), 후추(후추목), 산초(무환자나무목)는 사실 서로 다른 식물이다. 산초는 중국이 원산지이지만 후추는 인도 남부와 동남아시아가 원산지로 일찍이 중국에 전파되었다. 고추의 원산지는 중남미로 스페인인이 유럽으로 가져왔고, 16세기 동남아시아에 전해진 후 17세기 이후에야 중국과 일본으로 유입되었다.

토마토 케첩의 케첩이 여기서 유래했다.*

이렇게 생선, 새우, 굴, 조개류를 절인 소스는 타이완 역사 초기에 장취안 방언으로 '케찹Kue-tsiap'이라고 불렀으며 중국인과 원주민 모두 제조했던 식품이다.**

생선을 절인 액젓을 '위루魚鹵'라고도 부르는데 이는 피시소스를 일컫는 중국어 '위루魚露'의 어원이다.*** 푸저우 사람은 새우나 생선으로 액젓과 피시소스를 만들었으며 푸저우 말로는 '하유蝦油'라고 한다. 과거 젓갈은 죽과 잘 어울리는 반찬이었다. 액젓의 즙은 양념장이나 음식 조리의 필

---

*   Ketchup은 원래 반찬 같은 양념장이었지만 시간이 지나며 토마토 케첩을 일컫는 말이 되었다. Ketchup의 어원에 대해서는 네덜란드의 권위 있는 사전인 『판달러Van Dale』(Van Dale's Great Dictionary of the Dutch Language) 또한 같은 설명을 싣고 있다.
인도네시아와 말레이시아 모두 대두 간장 등의 각종 조미료 양념장을 kecap(c는 ch로 발음)으로 불렀고 어원은 현지의 푸젠 방언인 Ke-tchup이다.
**   청나라 문헌에 따르면 타이완에는 '생선·새우를 절여 젓갈을 만드는魚蝦醃爲鮭' 풍속과 지역 음식이 있다고 전해진다. Ke-Tchup의 Ke가 바로 절인 생선을 뜻하는 '鮭' 자. 본문에서 생선을 절이는 사람은 중국인일 수도 있고 원주민일 수도 있다.
타이완에는 지금도 소수의 어가에서 생선, 새우, 소라, 굴 등으로 만든 젓갈을 팔고 있다. 현재의 '구이鮭'자는 연어Salmon를 뜻하기 때문에 타이완 교육부의 『타이완민난어상용어휘사전』은 민난어로 같은 발음인 '膎'자로 대체했다. '膎'를 쓰는 근거는 다음과 같다. 『설문해자』에서 '膎'는 말린 고기를 가리키는 '푸脯'를 의미한다. 중국의 고대 음운 서적에서 '膎'는 식품을 보관하는 방법이다. "음식의 맛을 보존하는 것을 해라고 한다通謂儲蓄食味爲膎" "오나라 사람은 생선 절임을 해랑이라 부른다吳人謂醃魚爲膎䐼" 등의 표현이 있다.
『샤먼영어대사전』(1827)에는 당시 샤먼 방언 어휘인 '鮭汁'(Koe-chiap)을 수록했고, 영어로는 brine of pickled fish or shell-fish로 설명했다. 직역하면 '생선과 조개류를 절인 소금물'이다.
*** 『샤먼영어대사전』에는 '위루魚鹵'도 수록되어 있다. 영문 해석은 brine from salted fish다. 생선을 절인 소금물이다. 피시소스魚鹵와 액젓鮭汁이 같은 것임을 알 수 있다. 액젓鮭汁은 각종 해산물을 절인 것인데 대부분 생선을 쓴다.
'魚鹵'는 오늘날의 '위루魚露'다. '鹵'와 '露'의 발음이 같다. 그러나 '鹵'는 소금기가 있다는 의미로 '鹽鹵'는 조류에 녹은 젓은 소금을 가리키기 때문에 '鹵'가 맞는 표현이다.
일본 시대 『대일대사전』(1932)에도 수록된 '鮭汁'(koe-chiap)은 '절인 생선豉鮭'(醃魚)에서 흘러내린 즙을 가리킨다. 그러나 '魚鹵'는 수록되지 않았다.

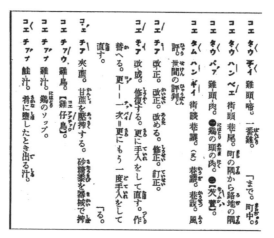

『대일대사전』(1932)에 수록된 액젓

수품이었지만 이제는 보기가 힘들어졌다.

오늘날 베트남과 타이 요리에는 피시소스를 흔히 쓰는데 무슨 이유인지 중국 요리에는 잘 보이지 않는다. 중국은 피시소스(액젓) 대신 간장을 이용하지만, 베트남과 타이는 여전히 전통적인 피시소스를 주로 사용한다. '케첩'의 어원인 액젓은 타이완에서 거의 듣기 어려운 단어가 되었지만, 최근 타이나 베트남 요리가 유행하면서 액젓이 들어간 음식을 자주 볼 수 있다.

훙짜오 푸저우는 푸젠 요리의 중심으로 타이완에 큰 영향을 미쳤다. 푸저우 음식에서 가장 대표적인 조미료는 훙짜오紅糟[술 지게미]로 일찍이 타이완에 전해졌다. 훙짜오(타이완어로 앙차오$^{ang-tsau}$)는 홍국주紅麴酒를 양조하고 남은 찌꺼기인데 선홍색 빛깔에 술향과 함께 약간의 신맛이 나기

훙짜오 고기경단   훙사오 장어

때문에 색소 조미료로 사용한다.*

지룽과 푸저우는 바다를 사이에 둔 가까운 지역이라 옛날부터 선박의 왕래가 이어졌다. 1626년 스페인인이 지룽(지금의 허핑다오和平島섬)을 점령했다. 앞서 말한 대로 섬에는 이미 중국인 촌락이 존재했는데, 훗날 '푸저우가'라고 불리던 지역이다.** 푸저우 이민자들은 이주 초기부터 훙짜오를 사용한 요리를 지룽에 가져왔다.

타이완 북부에서 널리 먹는 훙짜오 고기경단紅糟肉圓은 푸저우에서 유

---

* **홍국과 훙짜오는 무엇이 다른가?**
국麴: 쌀이나 보리를 삶아서 익힌 후 누룩을 넣어서 섞는다. 번식, 발효된 국균을 다시 햇볕에 말린 것을 '국'이라 한다. 술을 빚는 누룩을 이른다.
짜오: 술을 빚고 남은 지게미.
홍국균: 붉은색의 국균.
홍국(홍국미): 홍국균으로 만든 누룩.
홍국주: 물에 불린 홍국과 찐 찹쌀을 섞어서 여과한 술.
훙짜오: 홍국주를 여과하고 남은 찌꺼기. 훙짜오는 푸저우 요리에서 흔히 쓰는 색소 조미료로 고기나 생선 요리에 첨가하면 빨간색을 띠며 술향이 난다.

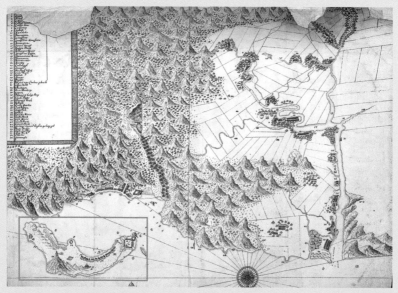

▲「타이베이 고지도」(1654)의 허핑다오섬 가옥 배치

◀1626년에 스페인인이 그린 지룽항의 허핑다오섬에도 현지인 촌락이 보인다.

래했다. '짜오糟'는 타이완어에서는 중국어 '사오燒'와 비슷하게 들리기 때문에 조리법을 뜻하는 '홍사오紅燒'로 잘못 표기되기도 했다. 지룽의 홍사오러우, 홍사오 장어 등은 모두 홍짜오를 첨가한 요리다. 여담으로 지룽에는 홍짜오를 첨가한 뉴러우멘도 있다.

일본 시대의 조미료

일본이 타이완을 통치하던 시기(1895~1945)에 일본인은 타이완 원주민과 푸젠·광둥 이민자들이 본 적 없는 조미료를 가져왔다.

간장과 백간장 푸젠과 광둥의 초기 이민자들은 고향에서 만든 간장과 제조 기술을 가져왔다. 많은 가정에서 직접 간장을 만들었고, 간장을 파는 상점도 존재했다.

원린雲林현 시뤄西螺를 비롯한 중남부 지역은 특산품인 검은콩(대두의 일종)과 전통 항아리를 이용하여 간장을 양조한다. 이 간장을 타이완어로는 '임유蔭油'라 부른다. '임蔭'은 가린다는 뜻으로 검은콩을 항아리에 오랜 기간 양조하는 과정도 '임'이라 부른다. 타이완어에서 발효시켜 말린 콩豉을 '임신아蔭豉仔', 오이지는 '임궤아蔭瓜仔'라 표현한다.

** 1626년 제작된 스페인의 지도에는 허핑다오섬은 번사자番社仔 'Rancheria de los Naturales'(현지인의 작은 촌락)라고 표기되어 있다. 하지만 섬에는 원주민만 산 건 아니었다. 일본의 예수회 목사 지바니 로드리게스 기란Givani Rodrigues Giran이 1611년 예수회 본부에 제출한 보고서에 따르면 이곳의 주민은 외부인을 적대시했고 중국인에게만 우호적이었다고 했다. 그 밖에 『대타이베이고지도고석大臺北古地圖考釋』에 기록된 허핑다오섬의 주택가는 중국인 촌락인 푸저우가로 보인다.

일본 시대, 시뤄에는 간장 회사의 창업이 이어졌다. 1909년 완좡丸莊 간장, 1922년 다퉁 간장, 1921년 루이춘瑞春 간장 등이 영업을 시작했다.

일본인은 늘 애용하는 간장을 직접 양조했고 또한 공장식 양산 간장 도 속속 등장했다. 일본의 대형 간장 공장인 기코만Kikkoman은 1917년 창 업한 이래 오늘날까지 일본과 타이완의 시장을 풍미하고 있다.

일본인은 일반적인 검은색 간장과는 다른 백간장을 만들었다. 일본 간장은 대두(황두)와 밀을 원료로 쓰며 대두가 밀보다 많이 들어간다. 백 간장은 반대로 9 대 1 또는 8 대 2의 비율로 밀을 대두보다 많이 쓴다. 투 명한 호박색에 단맛이 나며 탕이나 전골 요리에 적당하다.

일본의 백간장은 타이완 백색 콩기름에 영향을 미쳤다. 무색 간장으 로 알려진 백간장을 국물에 섞거나 직접 찍어 먹는 식으로 이용했다. 소금 과 미정(미원)을 대체하여 아주 짜지 않은 맛을 냈다.

백간장 브랜드 중 '귀녀신鬼女神'은 전후 초기 타이완에서 가장 유명했 던 간장 제품으로 많은 가정에서 인기를 얻었다. 나중에 다소 명성을 잃었 지만, 많은 샤오츠 점포와 타이완 음식 전문점에서는 여전히 특유의 맛을 내는 비법 소스로 애용하고 있다.

'귀녀신미원액鬼女神味原液'사 홈페이지의 소개에 따르면, 이 제품은 일 본 시대 타이베이의 상인 천순톈陳順天이 당시 일본의 미즈노 박사가 연구 개발한 배합을 습득하여 만들었다고 한다. 주요 원료는 대두, 밀, 식염, 간 장액 등으로 1947년 일본의 귀신을 쫓는 미신인 '귀녀신'을 상표로 정하 고 대량 생산을 시작했다. 이렇게 새로 시장에 등장했던 무색 간장을 타이완에서는 '귀신표 흰콩기름'이라고 불렀다. 그러나 오늘날 '귀녀신미원액'의 주요 원료는 물, 대두아미노산액, 식염, 조미 양념 등이며, 가격은 일반 간장보다 훨씬 저렴하다.

MSG 조미료의 역사에서 일본은 중요한 발명을 해냈다. 바로 MSG다.

인체의 혀에 있는 '미뢰'가 느낄 수 있는 '미각'은 전통적으로 네 가지로 여겨졌다. 시고, 달고, 짜고, 매운맛이다. 중국은 달고, 시고, 쓰고, 맵고, 짠맛을 '오미五味'라 한다. 그중 매운맛은 사실 미뢰가 감지하는 미각이 아니라 몸의 신경감각 부위에서 느낄 수 있는 통각이다.

1908년, 일본의 도쿄제국대학(지금의 도쿄대학) 교수이자 화학자인 이케다 기쿠나에池田菊苗가 다시마에서 '글루탐산'의 독특한 맛을 발견하여 '감칠맛umami'이라 명명했다. '맛있다'와 '맛'을 합친 단어로 일본 한자로는 旨味라 쓴다.

다시마와 가다랑어를 끓여 국물을 우려내는 것은 일본 요리의 기본 조리법 중 하나다.

이후 '감칠맛'은 과학적으로 다섯 번째 미각으로 인정되었고 일본어 발음인 Umami를 영문 명칭으로 쓰며, 중국어로는 '셴웨이鮮味'라 부른다.

이케다 기쿠나에는 글루탐산 제조법으로 특허를 획득하고 나서 1909년 '아지노모도'라는 이름의 조미료 제품을 판매하기 시작했다. 당시 '아지노모도'는 타이완에서 '웨이쑤味素' 또는 '웨이쑤펀味素粉'이라는 이름으로 판매되었다. 이후 중국어권에서는 '웨이징味精'이라고 쓴다.

1913년, 일본의 화학자 고다마 신타로小玉新太郎가 '가다랑어'에서 감칠맛을 내는 물질인 '이노신산'을 발견했고, 1957년에는 일본의 화학자 구니나카 아키라國中明가 '표고버섯'에서 감칠맛을 내는 구아닐산을 발견했다. 그는 글루탐산, 이노신산, 구아닐산을 결합하여 감칠맛을 강화했다.

1909년 생산된 '아지노모도'

이후 여러 브랜드의 웨이쑤가 출현했다. 일부 새로운 제품은 다시마와 가다랑어, 표고를 결합한 맛을 강조했다. 또한 일본에도 세 재료를 결합한 일본식 된장이 출시되었다.

오랫동안 글루탐산은 몸에 해롭다고 인식되었다. 두통, 답답함, 안면 홍조, 심장떨림 등을 일으키는 '중국식당증후군Chinese restaurant syndrome'이 생길 수 있다는 걱정이 이어졌다. 의학계는 최근에야 '글루탐산나트륨'이 안전한 식품 첨가제라고 밝혔다.

건강정보 월간지 『캉젠康健』은 2016년 7월호에 타이완의 유명 간호사인 탄둔츠譚敦慈의 「강한 불향보다는 MSG를」이라는 제목의 기사를 게재했다. 탄둔츠는 "만약 조리할 때 감칠맛이 필요하다면 글루탐산나트륨 성분이 가장 단순한 MSG를 이용할 것"을 제안했다.

미소　미소味噌는 일본 요리에서 매우 중요한 양념으로 콩, 쌀, 보리, 소금, 술 등의 원재료를 발효시킨 음식이다.* 일본 미소는 중국의 된장과 비슷하여 중국에서 기원했다는 설도 있다. 타이완 중국인도 된장을 가져왔는데, 청나라 시대에는 전문적으로 된장을 제조하는 '두장간豆醬間'이 있었다.

일본의 미소는 지역마다 제조 방법이 다르다. 색깔에 따라 적미소와 백미소로 구분하며 대개 조미료로 쓰인다. 생선이나 돼지고기에 미소를 넣어 조리한 요리를 흔히 볼 수 있다. 미소에 미역, 두부, 가쓰오부시, 생선, 조개 등을 첨가하여 끓이면 일본에서 가장 보편적인 국물 음식인 미소시루가 된다.

타이완에서도 '미소탕'을 많이 먹는다. 일본 식당이 아니라도 쉽게 접할 수 있으며 도시락 판매점이나 뷔페식당에서 무료로 혹은 저렴한 가격으로 제공한다. 고급 해산물 식당에서는 신선한 생선이나 게, 바닷가재 등을 조리할 때도 미소를 사용한다.

가쓰오부시　'가쓰오부시鰹節'는 일본 요리의 맛을 내는 기본 재료로서 타이완어로는 '차이위柴魚', 중국어로는 '젠위간鰹魚乾' '차이위펜柴魚片'이라 부른다.**

---

*　'味噌'는 일본식 한자로 전통 중국어 사전에는 없는 어휘다. 타이완에서는 일본어 '미소'의 한자를 그대로 사용하여 '웨이쩡'라고 읽는다. 참고로 '噌'은 중국어에서 '책망 또는 욕하다'라는 뜻이다.
**　광둥어의 '차이위柴魚'는 통째로 말린 생선을 가리킨다. 영어의 Stockfish로 대부분 햇볕에 말린 대구를 말한다. 일본의 가다랑어포는 광둥어로 '일본식 차이위'라고 부른다.

가다랑어는 일본에서 '가쓰오'라고 불리며 한자는 '가물치 견鰹'을 쓴다. 가다랑어로 만든 가쓰오부시는 일본의 전통 음식으로 매우 질겨서 '고기 어魚'와 '굳을 견堅'을 결합한 이름이 생겼다. 가공하기 전의 포를 '가쓰오부시', 굵게 썰어 가공한 것을 '케즈리카쓰오', 잘게 가공한 것을 '하나카쓰오'라 부른다.

왜 가다랑어를 포로 만들었을까? 가다랑어는 비린내가 심하고 쉽게 상하는 생선이지만 포로 만들면 보관이 쉽고 맛도 좋아지기 때문이다. 일본 음식문화의 지혜를 엿볼 수 있는 대목이다.

가쓰오부시는 가다랑어의 뒤쪽 뱃살을 쓴다. 삶은 가다랑어를 훈제하고 발효시킨 후 햇볕에 말리는 과정을 반복하면 세상에서 가장 견고한 음식이 만들어진다. 반드시 대패로 깎아내야 식용으로 쓸 수 있다.

가쓰오부시를 음식 위에 뿌리면 풍미가 좋아진다. 그러나 대부분은 끓여서 육수로 만든다. 우려낸 국물은 독특한 맛에 기름기 없는 탕이 된다. 가쓰오부시와 미역을 함께 끓여 국물을 내면 일본 요리의 기본적인 탕이 완성된다.

타이완의 동해안을 지나는 구로시오 해류에는 가다랑어가 풍부하다. 일본 시대에 가쓰오부시 제조 기술이 들어와 타이완에서 일본으로 수출하기도 했다. 일본은 지룽에 가쓰오부시 공장을 세웠고 이후 이란, 화롄花蓮, 타이둥과 뤼다오綠島 등지로 늘려나갔다. 1923년 일본 정부는 지룽에 '지룽 가쓰오부시 시험공장'을 설립하여 가쓰오부시 제조 방법을 개량하기도 했다.

나날이 증가하던 타이완의 가쓰오부시 생산량은 제2차 세계대전 기간부터 점점 줄어들었다. 전쟁 이후에도 회복되지 않아 지금은 이란과 타이둥의 공장만 운영 중이다. 2003년 화롄의 신청新城향 치싱탄七星潭 지역의 폐쇄된 공장은 박물관으로 개조되어 타이완 유일의 가쓰오부시 산업 박물관으로 관광 자원 역할을 하고 있다.

가쓰오부시는 타이완에서 이미 현지화된 음식이다. 타이완인은 죽을 먹을 때 참깨와 가쓰오부시를 넣으며, 피단두부에도 파와 가쓰오부시를 같이 뿌려서 먹는다. 육수와 기본 탕에도 가쓰오부시는 빠지지 않는다.

타이완의 샤오츠 메뉴인 '몐셴후麵線糊'[면발이 가는 국수]는 돼지사골을 쓰는 푸젠 전통 방식과는 달리 가쓰오부시를 많이 넣어 육수를 만든다. 담백하면서 단맛이 난다. 타이베이 시먼딩西門町의 맛집인 '아쭝몐셴阿宗麵線'은 가쓰오부시 육수를 쓰는데, 일본 관광객이 뽑은 최고의 타이완 샤오츠로 뽑히기도 했다.

마요네즈 마요네즈는 타이완인이 즐겨 먹는 양념으로 보통 샐러드 소스로 불린다. 마요네즈는 여러 종류의 샐러드 소스 중 하나다. 마요네즈는 프랑스어에서 유래했으며 이런 종류의 샐러드 소스는 18세기 프랑스 요리책에 처음 등장했다. 마요네즈는 식물성 기름, 달걀 노른자, 식초(레몬즙) 등을 혼합하여 만든 반고체의 소스에서 시작되었다. 마요네즈는 원래 수작업으로 만들었기 때문에 가격이 매우 비쌌지만 반죽 기계가 발명되자 가격은 저렴해졌고 널리 보급되었다.

지룽 가쓰오부시 공장. 1910년부터 가쓰오부시를 생산했으며 총 15곳의 공장이 있었다.

1925년 일본의 식품회사 '큐피Kewpie'는 마요네즈 제품을 출시하며 일본 마요네즈의 원조가 되었다. 타이완에는 일본 시대에 처음으로 마요네즈가 유입되었으며 마요네즈를 음역한 '메이나이쯔美乃滋'라는 이름도 타이완어에 편입되었다. 그러나 타이완 남부에서는 흰색에 신맛이 나서 '바이추白醋'[하얀 식초]라고 불렀다. 지금도 자난嘉南 지역의 유명한 바이쉐白雪표 샐러드 소스는 여전히 '바이추'라는 이름을 쓰고 있다. 또한 자이 사람들은 냉국수를 먹을 때에도 마요네즈를 넣으면서 타이완 유일의 '바이추량몐白醋凉麵'을 탄생시켰다.

전통 마요네즈는 연한 노란색에 약간 신맛이 나지만 달지는 않다. 하지만 타이완의 마요네즈는 대부분 달걀 전체 또는 유청 단백질을 쓰고 설탕을 넣는다. 그래서 흰색을 띠고 신맛이 아닌 단맛이 난다.

타이완인은 샐러드 외에도 죽순채를 마요네즈에 찍어 먹는다. 또한 해산물 식당에서 새우나 가재, 전복에도 마요네즈를 곁들인다. 유명한 '펑리샤추鳳梨蝦球'[새우튀김 샐러드]에도 마지막에 마요네즈를 넣고 섞어야 완성된다.

카레　인도 남부에서 기원한 카레는 여러 가지 향료를 혼합하여 만든 조미료로, 갖가지 재료를 조합하여 다양한 맛을 내기도 한다. 주재료는 대개 강황, 정향, 육계, 육두구, 고추 등이다. 카레는 유럽과 동남아시아 등 세계로 퍼져나가 각국의 음식과 뒤섞이면서 다양한 맛과 식문화를 담은 요리가 만들어졌다.

일본의 경우 메이지 유신 시기 영국에서 카레가 유입되어 서민들이 좋아하는 메뉴가 되었다. 일본인은 과즙을 첨가했고 버터와 밀가루로 점성을 강화하여 '일본식 카레'를 만들어냈다.

타이완에 처음 카레가 들어온 것은 일본 시대로 알려져 있는데, 당시 일본에서 수입한 카레 가루를 판매했다.

> Curriculum, 學° 規. óh-kui.
> Currier, 熁 皮° 司° 阜 hoan-phê-sai.hū.
> Curry, 加 里 ka-lí, to—, 用° 鐵° 刡 刡
> ēng thih-bín-bín, —favour, 鋪 面°
> 蠳° pho·-bīn-than.
> Currycomb, 鉄° 刡 thih.bín.

『샤먼영어대사전』에 카레를 뜻하는 샤먼 방언이 수록되어 있다.

그러나 『샤먼영어대사전』(1873)에 카레의 영단어 Curry에 대응하는 샤먼 방언으로 '가리ka-lí'(한자로는 加里)가 수록된 것으로 볼

때, 청나라 시대에 샤먼에는 카레가 있
었던 것으로 보인다. 타이완은 샤먼과
왕래가 빈번했기 때문에 비슷한 시기에
카레가 유입되었다고 추측할 수 있다.

일본 시대 초기, 일본인이 정리한
「타이완 요리법」에는 '걸쭉한 탕' 요리
로 '카레치킨' '카레새우' '카레생선' 등
이 있었다.

『대일대사전』(1932)에도 타이완의
카레 요리가 수록되었다. 볶음밥, 돼지
고기, 개구리 고기 등을 카레와 함께 조
리하면서 파, 죽순, 송이, 고구마 등의 채
소를 첨가하여 끓였다고 한다.

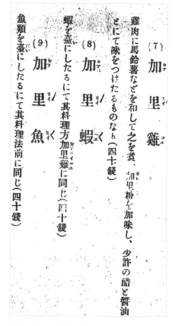

「타이완 요리법」 중 카레 요리

이를 통해 타이완에는 청나라 시대에 이미 카레가 있었지만 일본 시
대에 와서 널리 유행했음을 알 수 있다.

지룽은 일본 시대 타이완과 일본을 잇는 관문으로 당시 지룽 인구의
4분의 1이 일본인이었다. 지룽에 카레를 넣은 음식이 많은 이유를 짐작할
수 있다. 지룽의 길거리 음식 중 볶음밥과 볶음면에 대부분 카레를 추가할
수 있으며 카레탕면도 맛볼 수 있다. 부침 요리에도 카레 맛이 있을 정도
다. 지룽의 빵집에서 파는 룬빙潤餅[다양한 소를 얇은 피로 감싼 음식]에는 카
레로 볶은 양배추를 넣는다. 지룽 먀오커우 야시장의 명물인 갈비덮밥排骨

飯에도 카레가 들어간 고기 양념을 쓴다.

전후 중국 이민자의 조미료

전후 중국의 여러 지역 출신의 이민자들도 고향의 조미료를 가져오면서 타이완 음식의 맛이 다채로워졌다.

사차 '사차沙茶'는 차가 아니다. 인도네시아의 고기 꼬치인 '사테Sate'(말레이어Satay)를 중국어로 음역한 것이다.

사테는 동남아시아의 보편적인 요리로 사테를 찍어 먹는 양념을 '사테 소스'라 부른다. 주로 땅콩(가루)으로 만들며 코코넛밀크, 간장, 가랑갈, 타마린드, 흑설탕, 마늘, 고추 그리고 고수, 회향 같은 향신료를 넣기도 한다. 인도네시아어 'Bumbu kacang'을 직역하면 땅콩소스다. 영어로는 'Satay sauce' 또는 'Peanut sauce'라고 한다. 19세기 중반에 이 땅콩 소스가 유행하면서 유럽에도 대량 판매되었다.*

동남아시아에서 살던 차오산 출신 이민자들은 사테를 고향으로 가져와 맛을 개량했다. 땅콩 비율을 낮추고 어포(넙치), 말린 새우, 샬롯, 중의 약재 등을 첨가하여 콩기름으로 볶으면 사테 소스보다 약간 짭짤하고 맵지 않은 맛이 났다. 인도네시아의 Sate를 차오저우 방언으로 음역한 단어가 '사차'다.**

---

* 인도네시아를 장기간 식민 지배한 네덜란드에는 오늘날 감자튀김 소스 중에 사테 소스도 있다. 이는 인도네시아에서 가져간 음식문화다.

전후 차오산 출신 이주민이 타이완에 사차를 가져온 것으로 보인다. 사차 훠궈, 사차 소고기 등 사차 전문점이 등장했다. 또한 전문 업체가 생산한 '사차 소스'가 출시되어 오늘날까지 시장에서 잘 팔리고 있다. 그러나 만약 사차가 19세기에 차오산, 샤먼 등지에 전해졌다면 분명 같은 '장취안차오 문화권'인 타이완에도 전해졌을 것이다.

한 걸음 더 들어가보자. 타이완에는 16세기 이후 적지 않은 차오산 이민자가 들어왔고 청나라 시대에는 '광둥 사람'으로 분류되기도 했다. 일본 시대와 전후 시대에는 푸젠으로 귀화한 객가 사람이라는 오해를 받기도 했다. 이런 사실에 비춰보면 타이완에는 일찍이 사차 소스와 비슷한 소스가 있었으며 전후 시대 사차 음식점이나 사차 소스 제품이 발전하는 데 밑거름 역할을 했다고 말할 수 있다.

지룽항의 서쪽 류룽터우流籠頭에는 전후 산터우 출신 이주민이 개업한 '광둥산터우뉴러우뎬廣東山頭牛肉店'이라는 식당이 있다. 이 식당은 사차 소스에 카레 가루를 넣어 카레와 사차가 결합한 '지룽의 맛'을 만들었다.

두반장 푸젠·광둥 이민자들은 일찍이 두장豆醬(황두장)을 가져왔다. 황두 또는 백두와 밀가루를 발효시켜 만든 조미료다. 청나라 시대 타이완 관련 문헌에 "가루를 끓이고 익히고 저어서 두장을 만든다"는 기록으로 보아 탕으로도 먹었음을 알 수 있다. 둘의 차이가 엄청날 때 쓰는 표현으로 "닭

** 차오저우는 광둥성에 속한 지역이지만 언어는 민난어계다. 장저우, 차오저우 등에서는 사차의 '사'는 sa, '차'는 te로 읽었다. 인도네시아어의 te를 대체한 것이다.

똥과 두장 차이"라는 타이완 속담이 있다.

전후 쓰촨 이민자가 가져온 두반장은 쓰촨의 전통 양념으로 두장과는 다르다. 누에콩을 사용하며 고추를 첨가하는 것 외에 제조 방법도 다르다.

두반장은 쓰촨 요리의 영혼으로 알려져 있다. 두반장잉어豆瓣鯉魚, 궁보계정宮保雞丁, 마파두부麻婆豆腐, 위샹러우쓰魚香肉絲[돼지고기야채볶음], 마이상수螞蟻上樹 등 여러 유명한 요리가 두반장 덕분에 새롭게 거듭났다.

두반장은 타이완에서도 인기 소스가 되었다. 어린 죽순에 두반장을 넣고 간단히 볶기만 해도 맛 좋은 음식이 된다. 두반장은 타이완에서 쓰촨식 훙사오뉴러우몐과 양고기찜羊肉爐을 탄생시켰다.

광다샹식품廣達香食品은 1953년 타이완 최초의 고기장 통조림을 출시했다. 중국의 두반장과 일본의 미소로 만든 양념장으로 지금도 시중에서 판매되고 있다. 타이완의 통조림 안줏거리로는 '오징어소라마늘魷魚螺肉蒜'이 유명한데, 광다샹 고기장으로 끓인 '토마토갈비탕番茄排骨湯'도 한자리를 차지하고 있다.

술

술은 곡물, 과일, 채소 등이나 동물의 젖과 같은 원료를 발효시켜 제조한 주정음료다. 인류는 1만 년 전 신석기시대부터 술을 마셨다.

처음에는 양조법으로 술을 제조했고 나중에 증류법을 터득했다. 양조주는 원료를 발효하여 생긴 주정을 여과하여 만들며 도수가 낮은 편이다. 서양의 맥주와 포도주, 중국의 황주黃酒, 일본의 청주淸酒 등이 대표적이다. 증류주는 양조한 술을 다시 증류하여 만들며 도수가 높은 편이다. 열주烈酒, 화주火酒라고도 불리며 서양의 위스키, 브랜디, 러시아의 보드카, 중국의 바이주白酒, 일본의 소주燒酎 등이 있다.

인류 음식문화의 관점에서 보면 술은 연회, 잔치, 제사에 쓰이는 식품이고 추위를 쫓는 데도 유용하다. 또 한편으로는 의약품이자 건강에 도움을 주는 보양식품이었고 요리에 첨가하는 조미료이기도 하다. 타이완 원주민과 여러 이민족은 타이완에서 나는 원료와 자기만의 제조 방법으로 풍성한 술 문화를 발전시켰다.

타이완 원주민의 양조법

초기 타이완 원주민은 주식으로 쌀을 가장 많이 먹었고, 그 밖에도 고구마나 밭벼 등도 이용했다.

'좁쌀小米'은 중국 북방 지역에서 생긴 단어다. 중국 화하華夏 문명은 황허黃河강 중상류의 황토고원에서 기원했다. 최초 주식으로 삼은 곡식은 밀이나 논벼가 아닌 건조하고 추운 기후에 강한 작은 알갱이의 벼과 작물로 조粟라고 불렀다. 이후 민간에서는 좁쌀이라고 불렀는데 이는 논벼의 쌀과 구분하기 위해서였다.*

타이완 원주민이 재배한 좁쌀은 야생에서 자라는 기장으로 점성이 강하여 술 제조에 적당했다. 타이완 원주민은 '좁쌀주'를 양조했고 생활과 제사 등에 이용하면서 형성된 좁쌀주 문화는 오늘날까지 이어져오고 있다. 이를 통해 타이완 좁쌀주의 유구한 역사와 함께 중국 최초의 술이 좁쌀주였음을 알 수 있다. 그 밖에도 원주민은 직접 재배한 밭벼의 쌀로도 술을 제조했다. 파이완排灣족은 전통적으로 좁쌀과 쌀로 술을 제조해왔다.

타이완 원주민은 중국인과 만나고 교류하면서 찹쌀을 이용하여 술을 제조하기 시작했다. 청나라 『중수타이완부지重修臺灣府志』(1747)에는 "처

1950년대 싸이샤賽夏족의 작주嚼酒

---

* 청나라 『제라현지諸羅縣志』(1717)에는 "기장은 키가 6, 7척에 [알곡] 입자가 둥글고 황색을 띤다. 민간에서는 번서番黍라 불렀고 일부에서는 구미서狗尾粟라는 이름도 있다"고 기록했다. 『단수이청지淡水廳志』(1871)에는 "구미서狗尾黍는 싹이 개의 꼬리처럼 생긴 북방 지역의 좁쌀이다. 기장稷仔이라 부르기도 하며 원주민들이 많이 재배해서 먹는다"라고 되어 있다.
오늘날 타이완어로 좁쌀은 黍仔 또는 稷仔로 쓰며, 객가어와 광둥어로는 모두 狗尾粟라 한다.

녀가 씹은 찹쌀을 사흘간 저장하면 신맛 나는 누룩이 된다. 쌀과 누룩을 빻아 독에 저장하여 며칠간 보관한 다음 저어서 걸러낸 물을 마신다"라는 기록이 있다.

관련 문헌을 보면 타이완 남부의 시라야족과 파이완족 모두 찹쌀로 술을 빚었다는 기록이 있다. 오늘날 아메이阿美족도 찹쌀에 약초 등을 첨가하여 만든 누룩으로 술을 빚는다.

푸젠·광둥 이민자의 황주와 백주

중국의 술은 크게 찹쌀을 주원료로 양조하는 남방 지역의 황주와 사탕수수가 주원료인 북방 지역의 바이주로 나뉜다. 이는 술의 색깔에 따른 이름이기도 하다.

황주는 원료와 제조 방법에 따라 색깔이 짙고 옅은 차이가 날 수 있다. 만약 순수하게 찹쌀만으로 제조한다면 약간 단맛을 띠고 도수가 낮으며 쌀 색깔이 난다. 이를 '미주'라 부른다. 청나라 시대의 『타이완방지臺灣方志』에 기록된 찹쌀주, 라오주老酒, 미주 등은 당시 찹쌀을 주원료로 양조한 술이다.**

푸젠·광둥의 이민자가 처음 타이완에 들어오면서 가져온 술은 주로 황주였다. 가장 유명한 황주로는 저장성의 사오싱주紹興酒, 장쑤의 후이취안주惠泉酒 등이 있다. 다음으로 바이주는 청나라 시대 『타이완방지』에는

** 라오주라는 이름은 민난어에서 찹쌀을 의미하는 糯와 老의 발음이 같기 때문이라는 설과 황주를 오랜 기간 숙성시켰기 때문이라는 설이 있다.

소주, 화주, 고량주 등의 이름으로 기록되어 있다.

　네덜란드 시대부터 청나라 시대까지 타이완은 대륙에서 주로 황주(사오성주)를 수입했고, 바이주(고량주) 수입량은 적었다. 그러나 가격이 비싸 타이완인들은 직접 술을 제조하기 시작했다.

　1624~1662년의 타이난을 기록한 『제일란디아 요새 일지』에 따르면 당시 타이완은 중국 연해 지역에서 '중국 맥주Chinese bier'를 자주 수입했다고 한다. 그러나 맥아로 양조한 맥주는 중국의 전통 양조법이 아니다. 네덜란드인이 말한 맥주는 사실 황주였다. 유럽에서 보리로 제조한 맥주와 비슷하다고 여겼기 때문이다.

　네덜란드 문헌은 당시 Zaad(영어의 Seed), 즉 종자를 수입했다고 기록했다. 이는 홍국주를 제조하는 데 사용한 것으로 추측되며, 아마도 홍국(홍국미로도 불리며, 홍국효모로 만든 누룩이다. 쌀알과 비슷하게 생겼다)으로 보인다. 홍국주는 찹쌀에 홍국을 첨가하여 만드는데, 홍국주를 걸러내고 남은 지게미가 바로 푸젠 요리에 자주 쓰이는 향신료이자 천연 색소인 '훙짜오紅糟'다.

　초기 푸젠·광둥 이민자가 타이완 서부 평원에 들어왔을 때, 수질과 기후 모두 황주를 제조하기에는 적합하지 않았다. 청나라 『제라현지諸羅縣志』(1717)에는 "약초로 만든 누룩으로 라오주, 사오주 등을 양조할 수 있다. 맛이 좋지 않으면 설탕물을 섞었다. 지금은 후이취안주, 바오주包酒, 사오싱주, 전장주鎮江酒 등의 술도 같은 방법으로 양조한다"라는 기록이 있다.

이로부터 유추해보면, 초기 중국 이주민은 타이완에서 제대로 된 미주를 제조할 수 없었기에 대부분 증류식 소주를 만들었던 것으로 보인다. 그들은 술을 마시면 말라리아 등 타이완의 풍토병에 대응할 수 있다고 믿었다. 소주는 열주이니 효과가 좋지 않았을까.

네덜란드 시대의 양조업

네덜란드 문헌에 따르면 네덜란드가 타이완을 통치하고 오래되지 않아 중국인이 제일란디아 요새(지금의 안핑구바오安平古堡)와 프로빈티아(지금의 츠칸러우赤崁樓) 및 그 부근에서 쌀과 잡곡으로 사오주를 제조하여 네덜란드 병사와 뱃사람들에게 팔고 있다는 사실을 발견했다.

중국인들이 사오주를 제조하며 대량의 식량을 사용할 뿐만 아니라 네덜란드 병사들이 술에 중독되기도 하여 네덜란드 당국은 이를 주목하고 있었다. 1630년 네덜란드의 타이완 장관은 다음과 같은 내용을 공포했다.

1. 중국인은 사오주를 제조해서는 안 되며 위반하면 술과 함께 솥 등의 기구를 몰수한다.

2. 중국인은 사오주를 가지고 제일란디아 요새에 들어와서는 안 되며 위반하면 술과 화물선의 모든 화물을 몰수한다.

1634년 네덜란드 당국은 규정을 수정하여 허가증 없이 술을 제조하거나 판매할 수 없도록 했다. 이를 위반하면 술과 제조 기구를 몰수함은 물론 무거운 벌금을 부과했다. 1640년부터 네덜란드 당국은 술 제조에 세금을 징수하기 시작했다. 동시에 제조업자들이 저질의 술을 만들거나 하천을 오염시키지 못하도록 하는 규정을 공고했다. 당시 이미 양조업이 존재했음을 알 수 있는 대목이다.

네덜란드 시대 중국인은 어디에 제조 설비를 두고 술을 생산했을까? 네덜란드 문헌에 따르면 교외의 중국인 촌락 가운데 있는 강기슭이나 물을 이용하기 편한 곳이었다고 한다. 또 다른 장소로 샤오류추小流球섬이 있다. 네덜란드인은 1636년 샤오류추섬을 정벌하기 위해 타이난에서 함대를 파견했다. 1000여 명이 살던 촌락을 침략하여 주민들을 내쫓았고, 토지는 중국인에게 임대하여 술을 제조했다. 또 다른 네덜란드 문헌을 보면, 당시 타이난臺南가에는 적지 않은 바kittebroer가 영업 중이었고, 술을 좋아하는 중국인도 많아서 네덜란드 당국이 영업시간을 제한했다는 기록이 있다.

양조주와는 다른 증류주의 발전 과정

과거 타이완에 살던 중국인과 동남아시아 중국인의 술 제조법은 비슷했다. 대부분 증류법으로 사오주를 제조했으며 쌀, 밀, 수수 외에도 당밀, 고구마, 야자 등을 원료로 썼다.

타이완의 쌀 증류주인 사오주는 쌀을 사용하는 중국의 황주나 일본의 청주와는 다르다. 오히려 아랍이나 동남아 지역의 화주火酒, Arak 증류법과 같은 제조법에 속한다. 이런 방법으로 증류한 술로 류큐의 아와모리泡盛와

1 타이완 총독부 전매국의 금표 미주 스티커, 미주 3호, 1930년 7월 제정
2 타이완 총독부 전매국의 은표 미주 스티커, 미주 3호, 1937년 3월 2일 제정
3 타이완 총독부 전매국의 적표 미주 상표, 1930년 4월 제정

규슈九州의 소주燒酎 등이 있다.

　이들 자료를 통해 타이완의 푸젠·광둥 이민자들은 매우 오래전부터 고향의 양조법과는 다른 증류법으로 미주를 제조했음을 알 수 있다. 그 밖에도 동남아시아는 사탕수수가 풍부했기 때문에 사오주 제조 시 당밀을 첨가하여 쌀 사용량을 줄일 수 있었다. 사탕수수가 풍부한 타이완에서도 동남아시아와 같은 방식으로 사오주를 제조했다. 타이완 미주가 중국 미주와는 다른 동남아시아 술의 특징을 갖게 된 이유다.

　일본 시대에 이르러 타이완 미주는 더욱 발전했다. 1930년대 타이완 총독부의 전매국은 새로운 양조 기술인 '아밀로법'을 도입하여 타이완 미주를 생산했다. 원료 사용량과 제조 시간을 아낄 수 있어 기계화에 의한 대량 생산에 유리했다. 타이완 미주는 당시 재배에 성공한 펑라이미를 원료로 쓰면서 증류주를 제조해냈다. 여기에 당밀 주정을 첨가했는데, 쌀과 당밀의 비중은 대략 6 대 4 정도였다.

타이완 미주는 처음에는 세 종류가 있었다. 주정의 도수에 따라 식별 번호를 매겼고 이후 금표, 은표, 적표 등 색깔로 구분해서 불렀다. 일본어로 빨간색은 한자 '붉을 적赤'을 썼기 때문에 당시 20도인 '적표 미주'가 바로 오늘날 19.5도인 훙뱌오紅標 미주의 전신이다.

전후 평범한 가격이던 훙뱌오 미주(공식 명칭은 '훙뱌오 조리용 미주')는 타이완 가정과 식당에 없어서는 안 되는 조리용 술이 되었기 때문에 가격이 오르거나 공급이 부족해지면 민생 경제에 심각한 문제를 초래할 수 있다.

훙뱌오 미주는 타이완 요리에서 중요한 역할을 한다. 타이완인이 좋아하는 마유지麻油鷄, 사오주지燒酒鷄, 장무지薑母鷄 등의 닭고기 요리와 양고기찜羊肉爐에 빠질 수 없는 재료다.

전후 타이완 술 문화의 다양성

일본 시대 타이완 총독부 전매국은 수질이 뛰어난 지역에 술 제조 공장을 세웠다. 주로 청주, 미주, 맥주 및 홍국과 찹쌀로 양조한 홍주 등을 생산했다. 홍주는 홍국주를 가리키며 지금은 '훙루주紅露酒'로 불린다.

전후 시대로 접어들자 타이완 총독부 전매국은 타이완성 전매국과 타이완성 담배주류공매국으로 개편되었다. 이후 정치적인 이유로 통합되었으며 타이완섬 이외의 지역에 두 곳의 제조 공장이 생겼다. 고량주로 유명한 진먼金門 공장과 라오주로 유명한 마쭈馬祖 공장이다.

타이완 총독부 전매국의 훙톈주 상
표, 1923년 제조

과거 중국에서 수입하던 사오싱주와 고량주를 이제는 자체 생산하고 있다. 우수한 품질의 광천수를 보유한 푸리埔里 공장은 일본 청주를 양조하던 기술을 바탕으로 중국 사오싱주를 연구 개발하여 애주가의 입맛을 사로잡았다. 타이완은 오랜 기간 축적된 증류 기술로 중국의 바이주와는 차별화된 우수한 고량주를 출시했다. 특히 빼어난 품질을 자랑하는 진먼 공장의 고량주가 출시된 이후 바이주를 즐기는 사람도 많이 늘어났다.

경제가 발전하고 개인의 생활 수준이 높아지면서 타이완에는 브랜디, 위스키, 와인을 비롯한 세계 각국의 명주가 대량으로 수입되었다.

2002년 WTO에 가입하며 타이완성 담배주류공매국은 민영화되었고, 타이완담배주류유한회사로 개편되었다. 정부도 민간에 양조 시장을 개방했다.

　이후 타이완의 주류 시장은 발전을 거듭하며 대규모 공장이 설립되었고 동시에 장인 정신을 앞세운 초소형 양조장도 대폭 늘어났다. 이들이 제조한 위스키, 와인, 맥주, 청주 등은 국제 주류대회에서 대상을 받기도 했다. 또한 타이완 각지의 농업 단체는 지역 특산물을 활용한 딸기주, 가지주, 토란주, 매화주, 찹쌀주, 파인애플주 등 다양한 양조주와 증류주를 선보이고 있다.

빙과류

지리적으로 열대, 아열대 기후에 속한 타이완의 여름은 찌는 듯 무덥다. 일본 시대에 이르러서야 제빙 기술이 도입되었다. 그렇다면 이전에는 어떻게 더위를 해소했을까?

일본 시대 타이완 문인 롄헝連橫은 『아당문집雅堂文集』 3권 「타이완만록臺灣漫錄」에서 "타이완은 열대 지역이라 30년 전에는 얼음을 파는 이가 없었다. 여름에는 선초와 아이위등을 먹었다"고 적었다.

얼음이 없던 시대, 타이완에서는 갈증을 해소하는 청량음료를 '량수이凉水'라고 불렀다. 무더운 날씨에 생각나는 '량수이'로는 흔히 볼 수 있는 동과冬瓜차나 청초淸草차 등이 있다.

전통 빙과

선초 젤리 '선초仙草, *Platostoma palustre*'는 동남아가 원산지인 초목식물로 신선이 내린 선물이라는 전설이 있다. 열을 가라앉히고 피를 시원하게 하며 이뇨작용을 돕는 이 풀을 중의학에서는 신선의 풀이라고 불렀다.*

청나라 『타이완부지』(1685)에 따르면 "선초는 말려서 차로 마실 수 있다. 즙을 내서 밀가루와 섞고 반죽하여 끓이면 삼복 더위에도 동결된다.

---

* 민난어로 선초, 광둥어로 양분초凉粉草, 차오저우어로 분과초粉粿草라고 쓴다.

꿀물과 함께 마시면 더위 먹는 것을 막을 수 있다"고 한다.

청나라 『타이완현지臺灣縣志』(1720)에는 "선초는 5～6자 높이로 말린 선초를 끓여 찌꺼기를 버린 다음 전분을 넣어 끓이면 동결된다. 흑색을 띤다. 여름에 수수를 우려낸 물과 함께 먹으면 매우 시원하다"는 기록이 있다.

선초에서 파생된 식품도 적지 않다. 선초의 줄기와 잎을 말린 '선초건 仙草乾'을 오랜 시간 끓여 걸러낸 것이 '선초차'다. 바로 마시거나 소량의 전분(또는 쌀이나 고구마 분말)을 더하면 젤리가 된다. 또한 설탕 시럽을 첨가하면 '선초수'가 된다.

청나라 시대 타이완에는 선초 재배와 가공이 보편적이어서 선초료仙 草寮, 선초포仙草埔, 선초령仙草嶺, 선초륜仙草崙 등 관련된 지명도 적지 않다.

아이위 젤리 '아이위愛玉'는 타이완어로 '어요우ㅇ·giㅇ'라 발음했는데 일본 시대 편찬된 『타이완일본어대사전臺日大辭典』은 '아오나오澳蟯'로 표기했다. 타이완 교육부의 『타이완민난어상용어휘사전』은 새로 '위라오薁蕘'라는 단어를 만들어 수록했다. 타이완어 '어요우'를 음차한 것으로 보인다.*

'벽려薜荔, *Ficus pulila*'는 해발이 낮은 아시아 지역에서 자라는 뽕나 무과 무화과나무속 식물로 아이위는 타이완 벽려의 변종이다. 해발 800～1000미터의 산지에서 생장한다. 1904년 일본의 식물학자 마키노 도

---

* 아이위는 『타이완일본어대사전』에 '아오나오'나 '아오나오둥' 외에 '아이위쯔' '위쯔' 등의 이름으로도 수록되어 있다. 오늘날 타이완어로는 '오기오' 또는 '시아'라고 부른다.

미타로牧野富太郎가 자이에서 새로운 아이위 종Ficus pumila var. awkeotsang을 발견했다. 'awkeotsang'은 타이완어 '아이위충愛玉欉'에서 유래한 이름이다.

아이위의 열매는 작고 가늘어 건조한 후에는 '아이위쯔愛玉子'라 불렸으며 수용성 식이섬유를 함유하고 있다. 열매를 마대에 담아 물에 담근 후 문지르면 콜로이드 성분이 물에 스며들어 천천히 굳으면서 노란색의 아이위 젤리가 된다. 여기에 레몬즙을 첨가하면 바로 먹을 수 있다. 중의학에서는 체온 유지, 기력 증진, 면역 강화 등의 효능이 있다고 한다.**

렌헝은 『아당문집』에서 아이위 젤리는 부현府縣의 기록물에 기재된 게 없다고 했다. 청나라 시대 타이완 관련 문헌에 이 청량 식품에 대한 기록이 없음을 지적한 것이다. 그는 "여러 노인에게 들어서 알게 되었다며, 산속의 물이 얼자 두 손으로 받쳐 아이위를 마셨다고 한다. 또한 아이위라는 소녀가 아이위 열매를 팔았다는 이야기도 있다"고 전했다.***

문인이 지어낸 이야기라고 해도 '어요우'라는 이름의 유래는 조사해볼 만하다.

또한 타이완 원주민도 식용 아이위를 알고 있었다. 그러나 민족마다

** 동남아시아에도 타이완의 아이위 젤리와 비슷한 식품이 있으며 대부분 벽려로 만든다.
*** 『아당문집』 3권 「타이완만록」 편에 '아이위젤리'에 대한 내용이 나온다. "도광제 초기 성명 미상의 퉁안同安 사람이 부의 관할인 마쭈러우媽祖樓가에 살았는데, 일 때문에 자이에 자주 왔다. 하루는 큰길을 걷다가 더운 날씨에 갈증이 심해져서 계곡으로 달려가 물을 마시려는데 수면이 얼어 있는 듯했다. 몸을 굽혀 손으로 떠 마셔보니 속이 다 시원해졌다. 지금은 여름인데 어떻게 얼음이 있겠는가, 하는 생각에 물 위를 자세히 살펴봤다. 떨어진 나뭇잎이 보여 문질렀더니 풀처럼 걸쭉했다. 이 잎 때문에 변한 것이라 여겨 집으로 가져와 자세히 관찰했다. 씨앗은 기장처럼 가늘었고 물에 넣고 흔들었더니 젤리처럼 되었고 설탕을 넣으니 먹을 만했다. 또는 아다兒茶를 조금 넣으니, 마노 같은 색으로 변했다. 그에게는 '아이위'라는 열다섯 살짜리 딸이 있었다. 그가 젤리를 만들어서 오랫동안 팔았고, 사람들은 그것을 '아이위 젤리'라고 불렀다."

부르는 명칭은 달랐다. 쩌우鄒족은 skiski, 부눙족은 tabakai, 타이야족은 qrapit, 루카이魯凱족은 tukunwi 라고 불렀다. 아이위가 원주민의 청량 식품에서 기원했음을 알 수 있다.

사고녹말　사고녹말의 중국어 이름은 시구미西谷米지만 쌀이 아니다. 동남아시아 종려나무과 사고야자속 식물인 '사고야자*Metroxylonsagu*' 나무의 줄기에서 뽑은 전분으로 만든 미립 형태의 음식으로 인도네시아어와 말레이어는 Sagu, 영어로는 Sago이다. 중국어로는 Sagu를 음역한 시구미, 쉬어미碩莪米, 쉬워미碩硪米, 사구미沙穀米 등으로 불렸으며 명나라 시대 문헌에는 시궈미西國米, 사구미沙孤米 등으로 기록되어 있다.

　　1617년(만력 45년), 푸젠 장저우 룽시龍溪의 문인 장섭張燮은 『동서양고東西洋考』를 펴내면서 해외 각국의 풍토와 풍습을 소개했다. 명나라 말기 해외무역의 지침서로 당시 말레이반도의 왕국인 '빠따니'의 토산품에 관해서도 설명했다.

　　"시궈미는 '사구미'라고도 부른다. 그 나무를 사구미沙孤米라 한다. 파초처럼 생겼고 속은 비어 있다. 안쪽에 붙은 껍질을 벗겨내고 물로 헹군 후 빻아 가루로 만든다. 옥수수처럼 가늘게 생긴 모양이 가장 잘 정제된 것이다. 굵은 것은 민가에서 곡물을 대신해 식용으로 쓴다. 오늘날에는 상선이 파도에 휩쓸리면 젖을 염려가 있으므로 가루를 가져와 환으로 만들어야 했다."*

　　명나라 시대 중국인들은 이미 동남아시아에서 사고녹말의 가루를 가져왔고, 미립 형태로 둥글게 손질하여 먹었음을 알 수 있다.

청나라의 타이완 관련 문헌에는 사고녹말에 대한 기록이 없지만 타이완은 네덜란드 시대에 사고녹말을 수입했다. 『제일란디아 요새 일지』에 따르면 당시 타이난에서 적지 않은 양의 'Sagou'를 수입했다. 네덜란드어로 어떤 '나무의 가루^{meel van boomen}'(밀가루 또는 곡물가루)라고 설명한 점을 미루어보면 사고녹말을 네덜란드어로 음역했음이 분명해진다.

일본 시대 『대일대사전』에도 사고녹말로 만든 완자를 뜻하는 '시궈미위안^{西國米圓}'이라는 어휘가 수록되어 있다.

동남아시아에서 기원한 사고야자즙은 야자즙과 사탕수수를 합친 것이다. 타이완은 오래전부터 사고녹말을 수입하여 완자 모양으로 제조했다. 타이완에서도 야자와 사탕수수를 재배하므로 사고야자와 비슷한 청량음료가 있었던 것으로 보인다.

펄 동남아시아에서 전해진 사고녹말 완자는 아마도 '펄^{粉圓}'의 전신이었을 가능성이 크다.

동남아시아에서 수입한 사고녹말 완자는 가격이 비싸서 18세기 이후 고구마 전분으로 개량하여 만들었을 것으로 추측된다. 일본 시대 『대일대사전』에도 '펄'이 수록되었다. 작고 둥근 모양으로 설탕물에 넣어 먹는다고 설명했다.

---

* 시구미는 과거 인도네시아 원주민의 주식이었다.

과거 고구마 전분으로 만든 하얀 펄은 사고녹말로 만든 것처럼 보이지만 크기가 조금 더 컸다. 이후 캐러멜과 흑설탕, 과즙 등을 첨가하여 다른 색깔의 펄을 만들었고, 크기도 점점 커지면서 타이완 '전주나이차珍珠奶茶'의 신화가 만들어졌다.

펄의 또 다른 변화는 카사바 전분에서 시작됐다. 처음에는 고구마 전분에 카사바 전분을 더했고, 다시 고구마를 대신하여 카사바 전분만을 사용하기도 했다. 카사바는 재배가 쉽고 생산량도 풍부하여 가격이 저렴했다. 게다가 식감도 더 쫀득하고 들러붙지 않아서 냉음료와 잘 어울렸다.

일본어로 전주나이차는 '타피오카티タピオカティー'라고 한다. 타피오카タピオカ는 카사바 전분의 영문 Tapioca를 음역한 것이다.

일본 시대, 제빙의 시작

얼음의 저장과 운송은 날씨에 달려 있다. 인류가 얼음으로 더위를 식힌 역사는 꽤 오래되었지만, 이는 황제 같은 권력자만의 특권이었다. 19세기 중엽 제빙기가 발명되면서 얼음도 점점 널리 쓰였다. 타이완에서 '먹는 얼음'의 역사는 일본 시대에 제빙 산업의 도입과 함께 시작했다. 오늘날 타이완의 노년층은 제빙 공장의 '암모니아' 냄새를 기억할 것이다.

빙수 일본에서는 일찍이 제빙 산업이 시작되었다. 메이지유신 시대 (1868~1912) 초기, 일부 추운 지방은 저수지를 이용하여 겨울에 얼린 얼음을 여름에 파는 자연빙 업종이 있었다. 후기에 이르러 기계를 이용한 제

일본 시대 타이난 제빙 공장

빙 기술이 발전하면서 '얼음 가게'나 '얼음 창고' 등이 생겨났고, 빙수, 아이스크림 등 빙과류가 유행하기 시작했다.

1895년부터 타이완을 통치한 일본은 처음에는 일본에서 생산한 얼음을 타이완으로 운송하여 판매했는데 비싼 가격에도 큰 인기를 끌었다. 이어 일본인이 타이완 여러 지역에 '제빙 공장'이나 '제빙 회사'를 세웠고 바야흐로 타이완은 '촤빙剉冰'[타이완식 빙수]의 시대로 들어섰다.

타이완은 일본보다 무더워 매년 얼음을 먹는 기간도 긴 만큼 빙수 문화도 크게 발전했다. 일본의 전통 빙수는 재료의 조합이 단순하여 팥과 연유 등을 기본으로 각종 인공 색소와 감미료가 첨가된 시럽을 뿌린다. 타이완의 빙수는 눈이 어지러울 정도의 화려한 토핑이 더해진다. 절인 과일과

리메이수李梅樹, 「빙과점氷果店」, 1974

콩, 떡, 펄, 얼린 과일, 선초, 고구마, 딤섬, 토란, 국수, 생과일 등으로 다양한 조합을 만들어낸다. 또한 아이스크림을 통에 담아 길에서 파는 사람도 나타났다. 타이완에서 얼음 장사는 수익이 꽤 높아서 '의사보다 얼음 장수'라는 말이 유행할 정도였다.

라무네 갈증 해소에 탄산음료만 한 게 없다. 시원한 맛과 함께 탄산이 터지는 느낌은 입안에 남아 있는 느끼함도 없애준다. 사이다는 이산화탄소를 물에 녹여 기포로 만든 탄산음료로 유럽과 미국에서는 소다수Soda water로 불린다. 사이다는 1770년 유럽에서 발명되었다. 처음에는 유리병에 담아 코르크 뚜껑으로 막았다. 그러나 탄산이 새는 문제가 생기면서

1884년 청프전쟁, 청나라 군대의 반격에 군함으로 퇴각하는 프랑스군

1872년부터 목을 잘록하게 만든 병을 사용했다.

1884년 일본은 '라무네'라 불리는 레몬 맛 사이다를 개발했다. 영어의 레모네이드에서 딴 이름이다. 일본 시대 초기, 일본인은 쑤아오 냉천蘇澳冷泉 지역에 타이완 최초의 사이다 공장을 설립하여 라무네 병에 담긴 사이다를 생산했다. 입지 선정의 이유는 이산화탄소 암반층의 차가운 광천에 탄산이 많아 사이다를 제조하기에 적합했기 때문이다. 이후 타이완에는 "라무네, 탄산을 마시자"라는 유행어가 나올 정도로 사이다는 인기가 많았다.

청나라 시대 말기 "공기를 머금은 프랑스 물"이란 말도 등장했다. 청
프전쟁(1883~1885.4) 때 프랑스 군대가 지룽에 8개월간 주둔했다. 당시
프랑스 병사가 지룽에서 사이다를 팔았다고 전해진다. 지룽 사람들은 이
런 탄산수를 처음 마셨기 때문에 이를 '프랑스 물'이라고 불렀다. 어떤 특
별한 느낌이 있었을까? 그저 공기를 마시는 정도였을 것이다. 그 시대의
사이다를 폄하할 생각은 없다. 그저 '물속에 공기'가 있는 특징이 그렇다
는 것이다. 하지만 당시 사이다는 특별한 기술이 필요한 음료였다.

전후의 청량음료

전쟁이 끝나고 중국 북방 지역의 전통 청량음료인 '쏸메이탕酸梅湯'이 타이
완에 들어오며 청량음료는 더욱 풍부해졌다.

타이완은 유명한 청량음료를 발명하기도 했다. '버블홍차泡沫紅茶'와
오늘날 버블티로 불리는 '전주나이차' 등은 세계적으로 유행하며 타이완
의 자랑이 되었다.

쏸메이탕　쏸메이탕은 중국 북방 지역의 청량음료로 시큼하고 단맛이 난
다. 주요 성분은 오매, 계화, 얼음사탕 등이며, 산사나무 열매와 감초 등을
넣기도 한다. 체액 분비를 촉진하여 갈증을 해소하고 열을 내려 해독하며
폐를 적셔 화기를 내려주는 효능이 있다고 한다.

'라오베이징 빙전쏸메이탕老北京氷鎭酸梅湯'은 쏸메이탕을 타이완의 인
기 음료로 만든 대표 브랜드로 지금도 성업 중이다. 쏸메이탕이 유행하면

서 전문점뿐만 아니라 중의약 매장에서도 직접 재료를 배합하여 팔았다. 시간이 지나며 쏸메이탕은 대중 음료가 되었고 일반 슈퍼마켓에서도 판매되었다. 또한 타이완의 많은 훠궈 식당에서도 매운맛을 중화시키는 쏸메이탕을 구비하고 있다.

차가운 차　중국인은 전통적으로 뜨거운 차를 마셨으며 종류별로 보면 홍차를 마시는 사람은 아주 적었다. 그러나 타이완에서 모두 뒤집혔다. 타이완은 1980년대 청량음료인 버블홍차泡沫紅茶[맥주처럼 거품이 있는 아이스티]를 발명했고 이어서 우유와 펄을 첨가한 전주나이차[버블티]가 등장했다.

버블홍차는 손으로 흔들어 먹는 홍차로도 불린다. 찻잎을 여과한 물을 셰이커에 부은 후 얼음과 설탕을 넣고 흔들면 작은 거품이 생기고 온도가 낮아진다. 컵에 따르면 거품이 올라오는 게 보이고 차 향기가 코를 자극한다. 차를 다 마시고 얼음을 깨물어 먹으면 입안의 느끼함은 온데간데없이 사라진다.

버블홍차는 출시되자마자 큰 관심을 모았고 몇 년 지나지 않아 전주나이차로 변신했다. 크고 작은 펄을 여러 가지 빨대로 먹는 재미는 큰 유행을 만들어냈다. 이후 홍콩에서 글래머 여성을 뜻하는 '보바波覇'라는 말이 타이완에서 유행하자 전주나이차 매장들은 더 크고 더 많은 펄을 넣은 '보바나이차'라는 상품을 출시했다. 전주나이차가 영어로 버블티인 것에 착안하여 보바티Boba tea로 불렸다. 최근 전주나이차의 인기에 힘입어 아이스티 시장도 다양한 제품을 선보이며 세계 각지에서 손님을 모으고 있다.

현지에서 탄생한 아이스티 전문점도 적지 않다. 2011년 영국 런던의 황금 상권이자 명품 매장이 모여 있는 옥스퍼드가에는 영국인이 경영하는 타이완 버블티 전문점이 개업했다. 매장 이름은 '거품학'을 뜻하는 버블롤로지Bubbleology다.

2010년 4월 30일, 네 명의 타이완 청년이 미국 뉴욕의 퀸스에서 첫 번째 쿵푸티功夫茶, Kung Fu Tea 매장을 열었고, 이내 미국 전역으로 퍼져나갔다. 2020년 미국의 한 민간단체는 4월 30일을 '국제 버블티의 날National Bubble Tea Day'로 정하기도 했다.

차

'차'는 '차나무' 잎으로 제조한 음료다. '차나무'의 원산지가 중국임을 알수 있는 명확한 자료는 없지만 차 문화는 중국에서 발원했다. 중국인은 오래전부터 차를 마시는 방법을 알았다. 차는 원래 약으로 쓰였지만 시간이 지나면서 음료가 되었다. 중국은 당나라 시대부터 차를 마시는 문화가 유행하여 당시 차를 연구하던 육우陸羽는 세계 최초의 차 전문 서적인 『다경茶經』을 썼다.

중국은 고대부터 차를 재배하고 제조하여 마시는 문화가 발달했다. 남부, 서남부, 창장강 남부, 창장강 북부 등 4대 산지가 있었고 그중 남부의 기후는 차나무의 생장에 가장 적합했다. 특히 산지가 많은 푸젠성은 중요한 차 생산 지역이 되었다.

19세기 중반, 영국인이 인도 동북부의 아삼Assam과 다르질링 Darjeeling 등지에서 차를 재배하기 이전에도 중국의 차는 세계적으로 유명하여 유럽과 미주의 상류층 사이에서 큰 인기를 끌었다.*

타이완은 언제부터 차를 재배했을까? 일반적으로 18세기 말에서

---

* 중국의 차는 한나라 시대 처음 서방으로 전파되었다. 북방의 육로(실크로드)를 따라 중앙아시아와 서아시아를 거쳐 유럽에 도착했다. '차'의 이름 역시 중국 북방 지역을 따라서 cha라고 발음했다. 16~17세기 유럽의 제해권을 장악한 국가들은 중국 남방의 바닷길로 중국의 차를 가져갔다. 차의 민난어 발음인 'te'를 음역하여 네덜란드어는 thee, 스페인어는 te, 영어는 tea, 프랑스어는 the, 독일어는 tee 등으로 불렀다. 포르투갈어의 cha는 조차지인 마카오어의 cha 또는 예수회 선교사가 배운 베이징 관화官話 cha에서 영향을 받은 것으로 보인다.

19세기 초에 시작되었다고 알려져 있다. 당시 푸젠성 출신의 이민자가 고향에서 차나무를 가져왔고 타이완 북부 단수이淡水강 유역의 구릉 지대에서 재배하기 시작했다. 그러나 타이완 민간의 계약 문서에는 1770년대에 이미 '다원茶園' '다총茶叢'[차밭] 등의 항목이 존재했다.* 그밖에도 네덜란드 시대에도 타이완에서 차를 재배했다는 기록이 있다. 이를 통해서 타이완의 차 재배 역사는 300년 또는 400년 이상이라고 볼 수 있다.

타이완 야생 차나무

네덜란드의 『제일란디아 요새 일지』의 1644~1645년의 기록을 보면 타이완에서 차나무Theebomkens를 발견했다는 내용이 있다. 타이완 야생 차나무에 관한 최초의 기록이다. 청나라 문헌에는 타이완의 야생 차나무는 '수이사롄水沙連'의 산지에서 자란다는 기록이 있다. 수이사롄은 지금의 르웨탄日月潭이 있는 위츠魚池향과 푸리埔里진 일대를 가리킨다. 네덜란드 문헌에도 중국인들이 일찍이 난터우南頭와 차오둔草屯, 수이사롄 등 지역에 들어왔다는 기록이 있다. 『제일란디아 요새 일지』에서 언급한 타이완 차나무는 수이사롄의 야생 차나무를 가리키는 것일 수도 있다.

　청나라 『제라현지』(1717)는 "수이사롄의 산에는 차가 매우 많다. 맛이

* 『타이완총독부당안초록계약문서臺灣總督府檔案抄錄契約文書』에 수록된 청나라 건륭 연간 '석전보 우내장石碇堡友內庄'(지금의 지룽시 치두七堵구)의 매도 증서에는 산지 '다총죽림수목茶欉竹林樹木'을 포함한 매매 기록이 담겨 있다. 건륭 38년 10월 '도륜보신로강장桃淪堡新路坑庄'(지금의 타오위안시 구이산龜山구)의 계약에도 차밭과 찻집을 포함한 일괄 거래 내용을 기록했다.

다르고 색은 송라松蘿와 같은 녹색이다. 산골짜기 깊은 곳에서 자라며 차가운 성질이라 더위를 가시게 한다. 그러나 길이 험하고 원주민이 막고 있어 한족은 감히 채집할 수 없고 차 제조법도 알 수 없다. 만약 차를 잘 아는 우이武夷 사람이 원주민이 채집한 찻잎을 구매하여 제조한다면 그 차 맛이 더 좋을 것이다"라고 기록했다.**

청나라 황숙경은 『대해사차록』(1722~1724)에서 "수이사렌의 차는 깊은 산속에서 자란다. 나무가 빽빽하고 안개가 짙으며 아침 해가 늦게 들어 닿을 길이 없다. 색은 송라와 같은 녹색이고 찬 성질이라서 열증 치료에 가장 효과가 있다. 매년 각 촌락의 사람들이 산에 들어가서 차를 볶는다"라고 적었다.

청나라 남정원籃鼎元이 쓴 『동정집東征集』(1733)의 「기수이사렌紀水沙連」편에는 "수이사렌 지역의 산지에는 토종 차가 자라는데 색이 송라 같은 녹색이며 맑았다. 여름에 더위를 해소하고 장염을 치료하는 등 품질이 우수하다"라는 내용이 있다.

이렇게 세 편의 고문헌에서 중국인 이민자들은 오래전부터 타이완의 야생차를 알고 있었을 뿐만 아니라 일찍이 차를 채집하고 가공했음을 확인할 수 있다. 또한 야생차의 맛과 성질, 약효를 파악하여 우수한 품질이라고 평가했다.

** 타이완 야생 차나무에 관한 최초의 기록은 욱영하의 『비해기유裨海紀遊』(1697)라는 주장도 있다. 이 책의 「번경보유番境補遺」편에 "수이사렌 산지에 사람 키만 한 야생차가 자란다"는 내용이 있다는 주장 때문이었다. 이 내용이 상당히 인용되었지만, 조사 결과 「번경보유」에 차에 관한 이야기는 없었다.

타이완 산차

청나라 주사개朱仕玠의 『소류구만지小琉球漫誌』(1765)에서 '수이사렌'을 소개했다.

"수이사렌은 제라현이 통치하는 지역으로 10개의 촌락이 있다. (…) 내지內地의 산에 차가 무척 많이 난다. (…) 성질이 매우 차갑고, 더위를 쫓는다. 그러나 길이 험하고 원주민이 무서워서 중국인은 감히 채집하러 가지 못한다. (…) 푸저우 사람이나 푸저우를 방문한 사람들은 수이사렌의 차가 신기하게도 적백리赤白痢를 치료할 수 있다고 한다."

청나라 당찬곤唐贊袞의 『대양견문록臺陽見聞錄』(1891)에서도 수이사렌을 언급하며 "성질이 극히 차가워 열병 치료에 가장 효과적이며 종기를 없앤다"고 적었다.

이들 기록을 종합해보면 청나라 시대에 이미 타이완 야생 산차를 가공했음을 알 수 있다. 생산량이 적어 푸저우 도시 주민들은 타이완에서 온 손님을 만나면 수이사렌 차를 자주 물어봤는데, 이는 '적백리赤白痢'(중의학에서 대변에 짙은 피가 나오는 이질) 치료에 효과가 좋았기 때문이다. 또한 타이완 야생 산차는 성질이 매우 차가워서 더위를 먹었거나 두창이 생겼을 때도 효과적이었다.

오늘날 타이완 야생 산차는 타이완 고유종이라는 사실이 입증되어

2009년 '타이완 산차*Camellia formosensis*'로 공식 명명되었다. 농업위원회 시험소 홈페이지에서 타이완 산차는 산차과 산차속 상록소교목 대엽품 종이라는 사실을 확인할 수 있다. 키가 큰 것은 8미터에 달하고 수령은 100세를 넘는다. 주로 난터우, 윈린, 자이, 가오슝, 핑둥, 타이둥 등의 해발 800~1000미터 산지에 분포한다. 타이완 산차로 제조한 녹차는 향이 깊고 맛이 청량하며 감미롭다. 또한 항산화 능력과 카테킨 함량이 시중 녹차보다 우수하다. 최근 타이완 산차에 대한 관심과 시장 규모가 나날이 커지면서 불법 채취 사건도 종종 발생하고 있다. 정부는 채집 허가제를 통해 채집 관리와 산림 보호 등의 조치를 강화하고 있다.

청나라의 차 제조

18세기 이후 타이완 북부로 이주하여 땅을 개간하는 중국인들이 늘어났다. 주로 벼농사를 지었으며 소량이긴 하지만 고구마와 차를 재배하기도 했다.

18세기 말에 이르러 타이완 북부 지역에는 푸젠 이민자들이 푸젠성 우이산의 차나무를 들여오기 시작했다. 단수이강과 그 지류인 신뎬新店강과 다한大漢강, 지룽基隆강의 구릉 지대에 차나무를 심었고 푸젠성 찻잎을 굽고 건조하는 기술도 도입되었다.

청나라의 타이완 문헌에 따르면 건륭 연간(1736~1799)에 타오위안桃園의 구이龜산에 이미 다원이 있었다. 건륭 말년에는 타이베이의 선컹深坑과 무산木柵 일대에는 푸젠 사람들이 땅을 빌려 차를 재배했다. 가경嘉慶

청나라 사람의 차 선별 작업(1750년경)

연간(1796~1820)에는 푸젠 사람 가조柯朝가 타이베이 루이팡瑞芳 일대에
차를 심어 풍성하게 수확했으며 이 지역에 차 농사가 널리 퍼졌다.

도광道光 원년(1821)에는 타오위안의 다시大溪, 타이베이 신뎬 등지에
대규모 차밭이 생겨났다. 1820년대 타이완 북부의 차 제조업은 매년 크게
성장하여 상인들은 푸저우와 샤먼 등 지역으로 타이완 차를 판매했다.

청나라 후기에 이르자 타이완 북부 지역에서 차와 장뇌가 새로운 사업
분야로 떠올라 타이완 산업의 중심이 남부에서 북부로 이동할 정도였다.

포모사차

타이완 차는 유럽과 미주로 수출되며 역사적인 전기를 맞았다. 17세기 초
네덜란드인은 중국의 차를 유럽으로 가져갔다. 18세기 이후 차 소비 대국

네덜란드 동인도회사 사람들이 광둥에서 차를 고르고 구매하는 모습(1750년경)

이 된 영국의 영향으로 식민지인 미국 또한 중국 차를 대량 수입했다.

미국은 1776년 독립을 선포한 후에도 계속 중국으로 배를 보내 차를 구매했다. 전체 수출입 화물에서 찻잎이 차지하는 비중은 매년 높아져 1830년대에는 50퍼센트를 넘어설 정도로 중국 차에 대한 수요는 꾸준히 증가했다.

상황이 이렇자 미국의 여론은 타이완에서 차를 재배해야 한다는 목소리가 커졌다. 그래야만 중국 차에 대한 수요를 낮추고 중국산 차의 품귀

현상을 막을 수 있기 때문이었다. 1850년대에는 미국의 해군 장교와 외교관, 상인들 사이에서는 타이완을 사들이거나 점령해야 한다는 주장까지 나왔다.

1858년, 청나라와 미국, 영국, 프랑스는 톈진조약을 체결했다. 타이완의 핑안과 단수이가 개방되어 국제항구가 되었다. 영국 상인 존 도드John Dodd는 타이완 차를 바로 미국으로 수출할 기회를 발견했다.

존 도드는 1865년 타이완 북부 지역을 방문하여 차나무밭을 시찰했으며, 1866년 바로 푸젠성 취안저우의 안시에서 우롱차를 들여왔다. 자금을 차입하여 차 재배를 독려했으며 찻잎을 대량 수매했다. 1867년, 존 도

FORMOSA ISLAND.—PREPARING TEA FOR THE AMERICAN MARKET AT TAM-SUI, NORTHERN FORMOSA.

단수이 지역의 차 제조업, 미국에 찻잎 수출을 준비하는 모습(1887)

드는 찻잎을 푸저우로 수송하고 가공하여 성공적으로 호주에 수출했다. 이후 타이베이의 멍자艋舺에 '다관茶館'을 열고, 샤먼과 푸저우의 차 기술자들을 초빙하여 차를 연구했다.

1869년, 존 도드는 12만7000킬로그램의 타이완 차를 두 척의 배에 실어서 단수이에서 뉴욕까지 직항으로 수출했다. 이는 타이완 차의 첫 해외 판매였다. '포모사 티'라는 브랜드의 타이완 차는 미국에서 성공적으로 판매되었고, 타이완 차의 국제적 인지도도 높아졌다.

청나라 말기 유럽과 미주에서 환영받은 타이완 우롱차는 완전발효차 시장에 적합한 상품이었다. 전후 타이완인이 즐겨 마셨던 반발효 우롱차와는 다르다. 그러나 일부에서는 청나라 말기 타이완이 미국으로 수출한 우롱차는 발효 수준이 70퍼센트인 백호白毫우롱이었다고 주장한다. 전후 시기부터 지금까지 유행하고 있는 우롱차와는 다른 종류다.

일본 시대의 차 생산

일본 시대 초기, 타이완총독부는 타이완 차 산업의 경제적 가치를 파악하고 바로 법제화와 기계화를 진행했다. 차 제조와 차나무 재배 실험, 차 검사소, 차 관련 업종 사무소 등을 설립하고 타이완 차의 발전을 추진했다. 타이완의 차나무 재배 면적과 찻잎 생산량도 큰 폭으로 증가했다.

타이완의 일본인은 청나라 시대 차 산업을 바탕으로 새로운 우롱차 품종을 계속 연구해 '포모사 우롱차'라는 브랜드로 해외에 수출했다. 이 밖에도 인도 아삼에서 홍차를 만드는 차나무 품종을 도입하여 재배에 성

일본 시대 때 찻잎 채집하는 모습

공한 후 '포모사 블랙티'라는 브랜드를 내세워 수출했고 인도 차, 실론티 등과 경쟁했다.

일본 시대 말기, 일본이 제2차 세계대전에 참전하며 노동력과 식량이 부족해졌다. 타이완의 다원은 작물 경작지로 바뀌거나 노동력 부족 등으로 황폐해지면서 타이완 차 산업은 크게 위축되었다.

전후 타이완 차 문화의 발전

전후 초기, 타이완 다원은 회복되기 시작했지만, 생산량이 매우 적었고 국제 경쟁도 치열했기에 타이완 차는 내수 위주로 돌아갔다. 우롱차는 계속 성장했으며 홍차는 타이완인의 입맛에 맞지 않아 생산을 멈췄다.

그러나 타이완의 경제가 발전하고 국민의 생활 수준이 높아지면서 여러 지역에 다예관이나 관광 다원이 생겨났다. 차 문화가 성숙해지며 차 관련 상품도 다양해졌다.

우롱차의 종류로는 중남부 지역에는 둥딩凍頂우롱, 북부 지역에는 바오중包種茶, 철관음鐵觀音茶, 백호우롱차(동방미인차) 등이 있다. 1990년대에는 해발 1000미터 이상 지역에서도 '고산차'를 생산하기 시작했다.

1999년 9·21 대지진 이후 난터우南投현 위츠魚池향은 일본 시대의 홍차 산업을 다시 일으켜 지역 발전을 추진하기로 했다. 대표적으로 타이완 야생종(현지에서는 수이사롄차)과 미얀마대엽종을 교배하여 '타이차18호臺茶18號'를 개발했다. '훙위紅玉'라는 이름으로 출시되어 빼어난 품질로 타이완 홍차 산업의 부흥을 이끌고 있다. 또한 녹차와 '타이완 산차'도 대량생산 체제로 접어들었다.

1980년 이후 타이완은 '아이스 음료'를 개발했다. 동시에 셰이커를 개발하여 손으로 흔들어 마시는 '버블홍차'를 선보였다. 우유와 전분을 첨가한 '전주나이차', 과즙과 함께 섞어 먹는 각종 '아이스티'가 속속 출시되었다. 타이완 아이스 음료가 세계 시장을 풍미할 수 있었던 이유를 '포모사 차'에서도 찾을 수 있을 것 같다.

설탕

사탕수수는 열대와 아열대 지역에서 자라는 식물로 남도어족과 뉴기니 원주민인 파푸아인이 최초로 재배한 오랜 역사의 농작물이다. 이후 동남 아시아와 중국 남부, 인도 등지로 전파되었다. 사탕수수의 발원지가 중국 남부 또는 뉴기니라는 견해도 존재한다.

타이완은 사탕수수 재배에 적합한 기후로 타이난에서는 1년 사계절 내내 사탕수수가 자란다. 타이완에서는 언제부터 사탕수수를 재배하여 설탕을 만들었으며 나아가 어떻게 산업으로 발전했을까?

보편적인 학설에 따르면 17세기 타이완 남부를 통치하던 네덜란드 인이 푸젠 지역에서 중국인을 모집하여 바다 건너 타이완으로 보내 사탕 수수와 벼를 경작했다고 한다. 이로부터 설탕과 쌀 산업이 발전하여 수 출까지 이루어졌다.

그러나 만약 '남도어족 문화권'이라는 개념을 바탕으로 역사 문헌을 살펴보면 타이완 원주민이 중국인이 이주하기 전부터 사탕수수를 재배 했을 가능성도 존재한다.

타이완 원주민의 사탕수수 재배

원나라의 항해가인 왕대연汪大淵은 『도이지략島夷志略』(1349)의 「유구流球」 편에서 원주민들이 "바닷물을 끓여 소금으로 만들고, 사탕수수즙으로 술을 빚었다"라고 서술했다.*

문헌과 문맥을 해석하면 '유구'는 현재 일본의 오키나와를 가리키지만 일부 학자는 타이완일 수도 있다고 주장한다. 어떤 주장이 맞든 두 지역 모두 사탕수수가 자라기에 적합한 기후이며 실제로 사탕수수 재배로 설탕을 생산하고 있다.

네덜란드 문헌인 『바타비아 일지』의 1624년 2월 16일 기록(106쪽 사진)에 따르면, 샤오룽蕭壠(지금의 난자리南佳里)에는 야생 사탕수수(네덜란드어로 Suykerriet)가 자라지만 원주민들은 경제성 있는 작물로 보지 않았고, 그래서 설탕 제조업도 발전하지 않았다.

샤오룽은 당시 타이난 원주민인 시라야족의 4대 촌락이었던 샤오룽서蕭壠社에 소재했으며 일본 통치 시대에는 신식 설탕 공장인 '샤오룽당창糖廠'이 설립되었다. 나중에 '자리당창佳里糖廠'으로 명칭이 변경되었다. 2005년 자리당창이 폐업하고 방치된 곳에는 '샤오룽 문화 클러스터'가 조성되었다.

---

* 전문: "유구琉球: 지세가 넓고 숲의 나무는 아름드리다. 취록翠麓, 중만重巒, 부두斧頭, 대치大峙 등의 산이 있다. 그중 대치산이 가장 높고 험준하여 펑후에서 보면 매우 가깝다. 나는 이 산에 올라 조수를 살폈다. 한밤에 해가 양곡에서 뜨는 것을 바라보면 붉은빛이 하늘에 가득하여 산 정상이 환해졌다. 토지가 윤택하고 밭은 비옥하여 농사에 적합하다. 기후는 따뜻한 편이다. 사람들은 펑후와 다르지 않다고 한다. 배가 없어 뗏목으로 물을 건넌다. 남자와 여자는 머리를 말아 올렸고, 화포花布로 적삼을 만들어 입는다. 바닷물을 끓여 소금을 얻고, 사탕수수즙으로 술을 빚는다. 촌락의 추장을 존경할 줄 알고, 부자간에 골육의 정이 있다. 다른 나라 사람이 죄를 범하면 살을 베어 먹고, 머리를 취하여 나무 막대에 걸어놓는다. 그곳에는 사금沙金, 황두黃豆, 기장黍子, 유황硫黃, 황랍黃蠟, 사슴鹿, 표범豹, 궤피麂皮 등이 난다. 무역 상품으로는 토주土珠, 마노瑪瑙, 금금, 진주珍珠, 조완粗碗, 처주處州의 자기磁器 등이 있다. 해외 여러 나라는 대개 여기서부터 교역을 시작한다." 중앙연구원 타이완역사연구소 『타이완문헌총간자료 데이터베이스』.

> De voorseyde vleck ofte plaets is ongevaerlyck ½ myl
> de revier opwaerts ende een quartier uyrs lantwaert in gelegen,
> is seer vruchthaer, maer en wert niet beplant, besaeyt ofte
> bearbeyt; t gene dinwoonders daervan becomen wast uyt
> de natuer, behalven rys ende milie, dien se een weynich
> sayen, want werden door de Chineesen van rys ende sout
> geassisteert, siri, pinangh, clappus, bonannes, limoenen,
> citroenen, miloenen, calbassen, suykerriet als ander schoone
> fruytboomen synder in abondantie, maer en worden door
> haer niet besnoeyt ofte gehavent; oock en hebben se geen

샤오룽서蕭壠社에 rys(쌀), siri(후추) pinangh(빈랑), clappus(야자),
bonannes(바나나), limoenen(레몬), miloenen(수박), calbassen(박),
suykerriet(사탕수수) 등의 작물을 심었다.

청나라의 욱영하郁永河는 『비해기유裨海紀遊』(1697) 「번경보유番境補遺」
편에서 정경鄭經이 3000명의 군사를 이끌고 '두미룡안번斗尾龍岸番'을 공격
하여 촌락 깊숙이 침입한 사실을 언급하며 "아무도 보이지 않던 한낮의 무
더운 때, 목이 마른 병사들이 앞다투어 사탕수수를 먹었다"라고 기록했다.*

당시 타이완에 진출한 정씨 왕국은 대규모 병사를 안정적으로 주둔시

---

* 전문: "두미룡안의 원주민 병사가 몰려들었는데 모두 얼굴과 몸에 그림을 그려 매우 기괴했
고 괴물처럼 보였다. 계속 불을 지르고 물건을 훔치고 사람을 죽였다. 원주민은 그 소리를 듣자
모두 크게 울며 멀리 피했다. 정경鄭經은 직접 병사 3000명을 이끌고 토벌에 나섰다. 깊이 진입
했지만 아무도 보이지 않았다. 한낮 무더위에 장수와 병사가 모두 갈증이 심해지자 앞다투어 사
탕수수를 가져다 먹었다. 유국헌劉國軒은 반선半線[지금의 장화]을 지키다가 뒤늦게 100여 명
의 병사를 이끌고 왔다. 말 위에서 사탕수수를 먹고 있던 정경에게 큰 소리로 말했다. '누가 주
군을 이곳으로 이끌었습니까? 군사들에게 퇴각을 명하십시오.' 이어서 말하기를 '사태가 급박
하여 퇴각해도 늦었습니다. 세 부대에 풀을 베어 숙영을 준비하고 난동을 부리는 자는 처형한
다고 명하십시오.' 말이 끝나기도 전에 사방에서 불이 날아들었다. 얼굴에 그림을 그린 원주민
500~600명이 달려들어 전투가 벌어졌고 양측에 사상자가 생겼다. 잔여 병사들은 깊은 산으로
달아나서 없애지 못했으며 그 군영만 소탕하고 돌아갔다. 오늘날 붕산崩山, 대갑半線, 반선半線
등 원주민 촌락은 지금도 그와 같은 일이 또 일어날지 걱정하고 있다." 중앙연구원 타이완역사연
구소 『타이완문헌총간자료 데이터베이스』.

SO

GVILIELMI PISONIS

quem *Tabaxir* appellant, viscosum albicantemque liquorem promanare constat, ut Avicenna,
Rhasis, & Serapio testantur. Tamen alterutrum vel insita qualitate, vel conficiendi dexteri-

tate adæquari huic arundinaceo posse, nemo credat. Planta siquidem hæc nostra fruticis instar
firmitate prædita, succo dulci turget. Silvestri arundini externa facie est simillima; nisi quod

17세기 중남미 대륙의 설탕 공장

키기 위해 병농합일兵農合一의 둔전제屯田制를 실시했다. 부대를 파견하여 각지의 땅을 개간했고, 원주민 지역을 침범하기도 했다. 1661년 명정 군대는 '두미룡안'(지금의 타이중 선강神岡 일대)의 원주민 촌락을 공격하여 사탕수수 농장까지 진입했다. 원주민이 사탕수수를 먹던 병사들을 포위하고, 불을 지르며 반격하면서 양쪽 모두 사상자가 발생했다.*

이러한 기록에서 당시 타이완 중부 지역의 원주민이 이미 사탕수수를 재배했다는 추론도 가능하다. 어쩌면 무단으로 넘어가서 땅을 개간한 푸젠 출신의 이민 유랑자(무호적 농민)들과 함께 사탕수수를 재배했을 수도 있다.

네덜란드 시대, 설탕 제조업의 시작

네덜란드가 통치하던 시기(1624~1662) 장저우(혹은 차오저우)에서 사탕수수 품종과 함께 대량의 노동력과 경작용 소가 유입되었다. 이들은 타이난 일대에서 사탕수수를 재배하며 타이완의 설탕 산업을 발전시켰다.

당시 설탕을 제조하는 장소를 당부糖廍 또는 저부蔗廍라고 불렀으며 약

---

*　'두미룡안'은 네덜란드 문헌에 나오는 Teverongan을 말한다. 타이중 원주민인 바짜이족의 촌락이다. 이 사건은 1670년에 발생했다고 하는데 알브레히트 헤어포르트Albrecht Herport가 독일어로 쓴 『동인도여행기東印度遊記述略』(Eine kurze Ost-Indianische Reisebeschreibung, 1669년 스위스에서 출간)에는 1661년에 발생했다고 기술되었다.
헤어포르트는 욱영하와 다르게 기록했다. "당시 명나라 정경 군대는 2000명 정도였는데, 타이완 중부 지역의 여러 부족과 촌락의 연합인 '대두왕大肚王'의 야간 습격을 받았다. 명정 군대는 1500명 정도가 사망했고 나머지는 사탕수수밭으로 숨어들었다. '대두왕'은 사탕수수밭을 태우라고 재차 명령했고, 그리하여 밭으로 도주한 잔여 병사들을 섬멸했다."
알브레히트 헤어포르트는 네덜란드 동인도회사의 스위스 용병으로 1661년 정성공 군대와 네덜란드군의 전투에도 참전했다.

칭으로 '부廊'라고도 했다. 당부의 수호신은 부공廊公이라고 불렀다. 그래서 타이완에는 '부廊'자와 관련된 옛 지명이 많았다. 다부大廊, 허우부後廊, 딩부頂廊, 중부中廊, 샤부下廊 등의 이름은 모두 설탕을 제조하던 장소에서 유래했다.[**]

채집한 사탕수수를 손질하여 가는 묶음으로 분류하고 우마차에 실어 당부로 운송한다. 당부는 즙을 짜내는 구간과 당을 찌는 구간으로 나뉜다. 우선 착즙 구간에서는 석거石車(청나라 문헌은 자거蔗車라 기록)로 가공한다. 인부는 소가 끄는 맷돌 사이에 사탕수수를 두고 짓눌러 즙을 짜낸다. 즙은 바로 나무통으로 흘러내려서 모이는데, 이 과정을 두세 번 반복한다. 다음으로 찜 구간으로 옮겨 큰 솥에 붓고 끓이면 설탕이 만들어진다.

네덜란드인은 타이완에서 생산한 설탕을 일본 등 해외시장에 수출했으며 네덜란드로 수송하기도 했다. 이후 일본은 계속 타이완에서 수입한 설탕에 의존했다. 당시 네덜란드인은 아시아 본부인 인도네시아에서도 설탕을 제조했다. 1662년 정성공에 의해 타이완에서 축출된 이후에는 인도네시아의 설탕 생산량을 늘리기 시작했다.

네덜란드인이 다져놓은 기반 위에서 설탕 산업은 계속 발전했다. 명정明鄭 시대(1662~1683)에는 푸젠에서 다양한 품종의 사탕수수는 물론 노동력과 기술이 유입되었다. 당시 설탕 생산량은 네덜란드 시대를 능가했

[**]　강희자전에는 '廊'자가 수록되지 않았다. 정자는 '廍'로 천막 틀에 덮어서 햇볕을 가리는 거적 또는 빛을 가리는 물건을 지칭한다. '부옥廍屋'은 거적으로 지붕을 덮은 허름한 집을 일컫는다. 『대일대사전』(1932)과 『샤먼음신자전廈門音新字典』(1913)에는 모두 '廍'로 표기했다. 청나라 시대 타이완 문헌에는 '糖廊'와 '糖廍' 모두 사용했다.

으며 일본 수출도 계속 늘어났다.

청나라 시대의 설탕 제조업

청나라 시대, 타이완의 설탕 제조업은 계속 발전했지만 당부가 계속 늘어
나지는 않았다. 중국에 식량을 공급하기 위해서는 벼농사가 더 중요했기
때문이다.

강희 30년(1691)에 푸젠성의 타이완샤먼도臺灣廈門道(당시 타이완 최고

청나라 시대 「번사채풍도番社采風圖」의 당부

관직)로 부임한 고공건高拱乾은 벼농사를 장려하고자 '사탕수수 농사금지령禁飭插蔗并力種田示'을 공포했다. 그는 사탕수수를 심어 설탕을 만들면 더 큰 이익을 볼 수 있지만, "벼농사에 매진하여 식량을 비축해야 흉년에 대비할 수 있다"고 여겼기 때문에 "사탕수수 재배를 제한하고 벼농사로 식량을 충분히 확보하는 것이 중요한 본분"이라 했다.

청나라 시대 초기, 타이완 설탕은 일본뿐만 아니라 중국의 여러 지역으로 수출되었다. 청나라 후기에는 톈진조약(1858)으로 단수이, 안핑, 지룽, 다거우(지금의 가오슝) 등 지역이 통상을 위한 항구로 개방되면서 타이완의 설탕은 서양 상인의 관심을 받았고 수출량도 많이 늘어났다.

그러나 광서제 시기 청프전쟁(1883~1885)이 발발하며 프랑스 군대가 타이완의 항구를 봉쇄하자 서양 상인들이 떠났고 설탕 수출도 큰 영향을 받았다.

일본 시대의 신식 설탕 제조업

일본은 17세기에 네덜란드를 통해 타이완 설탕을 수입했다. 명정 시대를 거쳐 청나라 시대까지 일본은 타이완의 최대 설탕 수입국이었다.

타이완 설탕은 일본의 나가사키로 운송되었고 다른 수입 설탕보다 품질이 뛰어나 큰 인기를 끌었다. 청나라 건륭제 시기 유양벽劉良璧은 『중수푸젠타이완부지重修福建臺灣府志』(1741)에서 "나가사키에서 가장 인기 있는 타이완 상품은 백설탕, 청탕, 사슴이나 노루의 가죽이다. 가격이 다른 상품의 두 배였다"고 했다.

구식 당부의 사탕수수 압착기

나가사키는 16세기부터 '나가사키 과자長崎菓子'라 불리는 카스텔라를
만들었는데 타이완에서 수입한 고급 자당을 재료로 썼다. 일본은 1895년
청나라로부터 타이완을 할양받은 후 타이완의 설탕 산업을 크게 발전시
켜 일본의 내수뿐 아니라 수출까지 했다. 일본의 몇몇 설탕 회사가 타이완
각지에 제당소와 제당 공장을 세우면서 전통적인 설탕 생산 방식을 바꾸
었으며 생산량도 크게 늘었다.

과거 인력과 우마차에 의지하던 당부는 기계화된 공장에서 석탄과 증
기기관으로 설탕을 생산하는 '기기부機器廍'로 변신했다.

타이완총독부는 일본 제당 기업에 유리한 정책을 폈다. 강제로 지주

신식 사탕수수 착즙 장치

의 토지를 징발하거나 임대하여 사탕수수 농장을 착취했다. 저가 수매와 무게 조작 등으로 농가의 불만을 초래했다. 당시 타이완에는 "가장 바보스러운 짓은 사탕수수 회사에서 무게를 재는 것이다"라는 말이 유행할 정도였다.

일본 시대 말기에는 제2차 세계대전이 발발하면서 많은 설탕 공장이 연합군의 폭격을 받아 생산량이 심하게 감소했다.

전후 타이완 제당 산업의 흥망성쇠와 부활

1945년 국민당 정부가 타이완을 접수했고, 1946년 설립된 '타이완 당업공

1915년 타이완 설탕 회사의 사탕수수 수매 구역도

사'(타이탕臺糖)는 일본 제당 기업이 남긴 조직과 토지, 생산 설비를 접수했다. 타이당은 타이완 제당업을 발전시키며 외화를 벌었다. 1960년대에는 타이완 전체 수출액의 8퍼센트를 차지할 정도로 전성기를 구가했다.

1990년대 이후 설탕 제조원가가 상승하고 국제 가격이 하락하자 타이완 제당업은 쇠퇴의 길로 들어서며 수출도 매년 줄어들었다. 2000년 이후 타이탕은 경영 다각화를 모색하며 양판점, 주유소, 양식업, 생명과학, 식품, 정밀농업(화훼) 등의 영역으로 진출했고, 설탕 공장을 이용한 여행 상품, 설탕 산업 철도 등 문화 혁신 클러스터를 추진하고 있다.

절임과 건조

가정용 냉장기기가 보급된 지 아직 100년도 되지 않았다. 그전에는 쉽게 상하는 생선과 고기를 어떻게 보관했을까? 가장 흔한 방법은 절임과 건조다. 혹은 절인 다음에 건조하는 방법도 있다.

·**절임**: 소금, 설탕, 술 등의 조미료에 음식을 담그는 방법인데 염장이 대표적이다. 소금은 부패균의 번식을 억제한다. 타이완어로는 '신얌豉鹽'이라고 부른다. 생선과 알, 고기, 무, 채소 등을 소금에 절인 식품이 대표적이다.*

·**건조**: 음식을 햇볕에 말리는 방법으로 수분을 바람으로 완전히 건조시켜 세균이 아예 자라지 못하게 한다(훈연도 탈수에 도움이 된다). 타이완어로는 '팍간曝乾'이라고 하며, "생으로 먹을 것도 없는데 말려서 먹을 게 어디 있겠는가?"라는 속담이 있다.

생선과 고기를 소금에 절이거나 건조하면 오랜 기간 보존할 수 있으므로 인류는 충분한 영양과 열량을 섭취할 수 있었다. 시간이 흘러 발효되면 음식에 특별한 맛이 더해진다. 세계 각지의 음식문화에서 등장하는 지혜라 할 수 있다.

---

* 교육부『타이완민난어상용어휘사전』에서는 '豉'자를 썼고, 일본 시대『대일대사전』에서는 '漬' 자를 썼다.

절이거나 말리거나

타이완은 해산물이 풍부해 특유의 음식문화가 발전했다. 특히 해산물을 절이거나 말리는 독특한 방법과 명칭이 발달했다.

염장 생선을 가공하는 방법에는 소금에 절이거나 햇볕에 말리는 두 가지가 있다. 이는 과거 연해 지역과 장기간 항해하는 배에서 먹을 수 있는 주요 식량이었다.

　타이완에 풍부한 고등어는 일찍이 자반으로 저장되었다. 가격이 저렴하여 경제적으로 어려운 시기에는 가난한 사람의 미식이자 단백질 공급원으로 불렸다.

건조 햇볕에 말려 수분을 없앤 생선은 소금기 없는 것과 있는 것으로 나뉜다. 생선 외에 새우와 꼴뚜기, 넙치, 오징어, 전복 등도 건조해서 먹는다.

　넙치扁魚는 생김새가 평평해서 붙여진 이름이다. 비무위比目魚(광둥에선 다디위大地魚로 부른다)로도 불리는데 보통 말려서 먹는다. 청나라 시대 기록에 따르면 "넙치를 말리면 좋은 향이 나며 그대로 먹어도 맛이 좋다"고 한다. 대부분 갈아서 가루로 이용하며 타이완 요리에서 풍미를 살려주는 조미료로 쓰인다.

　건조 오징어는 물에 적셔서 다시 조리할 수 있다. 작게 잘라서 국을 끓이기도 한다. 타이완의 술안주 가운데 대표적인 국물 음식인 '오징어소라마늘魷魚螺肉蒜'에도 쓴다.

말린 전복은 오래 끓여 탕으로 먹는다. 청나라 시대 『펑후타이완기략
澎湖臺灣紀略』(1685)과 『펑후청지澎湖廳志』(1878)에는 "현지의 전복을 '구공九
孔'이라 부른다" "구공은 작은 전복을 이른다" 등의 기록이 있다. '구공'은
타이완 고유종인 '주쿵전복九孔鮑'으로 '타이완전복臺灣鮑'으로도 불린다.

젓갈 젓갈을 뜻하는 '구이鮭'의 바른 표기는 '셰醢'인데 소금에 절인 생선,
새우, 조개 등을 가리키며 특히 작은 생선을 물과 함께 병에 담근 것을 말
한다. '셴구이鹹鮭'는 소금에 절인 작은 생선을 이른다. 젓갈은 생선魚鮭 외
에 새우, 굴, 소라, 꼴뚜기 등으로도 만든다.*

액젓 또는 피시소스는 젓갈의 즙을 말한다. 이는 간장과 비슷하지만
역사가 더 오래된 조미료다. 오늘날 중국어로는 '위루魚露'라고 부른다.

젓갈은 밥이든 죽이든 식사와 잘 어울리는 반찬으로 젓갈에 빗댄 표
현도 많다.

· **젓갈**: 과일이나 건조한 생선이 불완전하게 변형된 모습

· **터진 젓갈**: 산산이 조각난 모습

· **눅은 젓갈**: 어떤 물건이 용해되어 끈적해진 상태

· **소금에 눌린 젓갈**: 많은 사람이 작은 방에 밀집한 모습으로 작은 생선
을 소금에 절여 통조림에 가득 넣은 것에서 유래했다.

· **어포**: '포脯'(타이완어 'poo')는 바싹 말라 주름진 모습을 뜻한다. 햇볕

---

* 젓갈을 뜻하는 '鮭'는 청나라 타이완 지방 문헌에서 사용된 글자로, 교육부의 『타이완민난어
상용어휘사전』은 연어를 뜻하는 '鮭魚'와의 혼동을 방지하기 위해 기존에 쓰였던 '膎'를 쓴다.

에 말리거나 소금에 절여 수분을 제거한 식품으로 주로 작은 생선을 쓴다.

타이완 속담에 "어포 한 접시, 머리만 한가득"이라는 말이 있다. 치어는 머리와 눈이 몸에 비해 크기 때문에 어포를 접시에 담으면 머리만 눈에 띈다. 조직 내에서 모두가 대표를 맡고 싶어하는 상황을 비유한다.

어포 '포脯'(타이완어 'hu')**는 말린 생선을 조미한 것으로 '어포'는 생선을 말린 식품이다.

위상 '상鯗'은 생선의 배를 갈라서 건조한 것으로 짠맛과 보통 맛 두 종류가 있다. 저장 지역 특산품으로 '황위상黃魚鯗'이 있으며 최고급 상품은 흰색인 '바이샹白鯗'이다. 청나라 시대 문헌에도 '위상魚鯗' '만샹鰻鯗'[장어] 등을 언급하며, 펑후에서는 특산품인 '갈돔'을 절여서 '샹'으로 만들었다고 기록했다. 오늘날 펑후에서는 배를 갈라서 말린 갈돔을 쉽게 볼 수 있다.

알 청나라의 타이완 문헌에는 생선의 알을 '어자魚子'라 했는데, '오어자烏魚子'를 줄인 말로 '숭어알'을 가리킨다. 『타이완부지』(1685)에는 "오어[숭어]의 알을 말린 것이 오어자다. 맛이 좋다"는 기록이 보인다.

샥스핀 지느러미라고 하면 보통 상어 지느러미인 샥스핀을 일컫는다. 말

** 『대일대사전』에 '脯'자는 poo와 hu, 두 가지 발음이 있으며 각각 뜻이 다르다. 그러나 타이완 교육부의 『타이완민난어상용어휘사전』에는 'poo' 발음만 수록되어 있다. hu는 '䐯'자로 표기한다.

린 샥스핀은 전복, 부레, 해삼과 함께 중국의 4대 해물 별미로 손꼽는다. 청나라 시대의 『펑후청지』(1878)에는 "상어 중 상급은 동수구리로 검은 피부에 하얀 무늬가 있다. 그 날개를 햇볕에 말린 것을 지느러미라 하는데 산해진미라 할 만하다"는 기록이 있다.

육류의 가공

소금에 절이거나 햇볕에 말리는 방법을 쓴다.

육포肉脯는 건조하여 바로 먹기도 하고 볶은 다음 가늘게 썰어서 보관하기도 한다.

녹포鹿脯는 말린 사슴고기를 일컬으며 "생선을 절이면 젓갈이 되고, 사슴고기를 절이면 포가 된다"는 기록이 있다.

야상鴨鯗은 위상과 같은 방법으로 오리나 닭의 배를 갈라서 가공한 것이다. 이란의 특산인 '야상鴨賞'은 원래 '야상鴨鯗'이라고 써야 한다. 오리의 배를 갈라서 펼친 후 소금에 절이고 납작하게 눌러 바람에 건조한 다음 훈제한 음식이다.

타이완 원주민의 염장

타이완 원주민도 생선과 고기를 염장하는 문화가 있는데, 부패하여 벌레가 생긴 생선 절임이나 염장한 사슴 내장을 좋아했다.

네덜란드 시대 초기, 신강서新港社(지금의 타이난신臺南新시)에서 선교활동을 했던 목사 게오르기우스 칸디디우스Georgius Candidius는 『타이완 기행

Discourse ende cort verhael van't eylant Formos』에 당시 타이난 원주민의 생활을 기록하며, 소금에 절인 생선과 썩힌 고기를 먹는 음식 습관을 언급했다.

청나라 시대 『제라현지』(1717)에도 원주민의 음식에 대한 기록이 등장한다. "작은 고기를 잡아 소금을 조금 넣어 절이고 썩힌다. 벌레가 많이 생길 때까지 기다렸다가 먹는다. 이들은 절인 생선을 좋아하는데, 배를 가르지 않고 염장하여 빨리 썩는다고 한다."

청나라 건륭제 시기 범함范咸은 『중수타이완부지』(1747)에 '번사番社

건륭 연간의 「번사채풍도番社采風圖」에 묘사된 사슴 사냥(1744)

[원주민 촌락] 풍속'을 기록했다. "물이 맑은 곳에서 고기의 움직임을 보고 삼지창을 던지거나 손수 그물을 쳐서 잡는다. 작은 고기는 익혀서 먹고, 큰 고기는 소금에 절여 먹는다. 배를 가르지 않고 생선의 입안에 소금을 집어넣고 독에 보관하며 1년 이상 기다렸다가 그대로 먹는다."

이로부터 몇 가지 사실을 알 수 있다. 원주민은 소량의 소금으로 작은 생선을 절였고 많은 벌레가 생길 때까지 기다렸다가 먹었다. 생선을 절일 때는 내장을 분리하지 않은 채 고기 입안에 소금을 넣어 1년 이상 보관한 후에 식용으로 이용했다.

청나라 관리 두진杜臻은 명청 교체기에 타이완에서 쓴 짧은 글 「펑후 타이완기략澎湖臺灣紀略」(1685)에 관련 내용을 적었다.

"산에 사슴이 많았다. 원주민은 창을 잘 쓰는데 길이는 다섯 자 정도에 촉이 매우 날카로워 호랑이나 사슴이 찔리면 바로 죽는다. 이렇게 사슴을 잡아 겨울을 난다. 사슴 무리를 발견하면 여러 명이 쫓아 포위한다. 사냥이 끝나면 언덕에 쌓아놓고 뿔과 가죽을 먼저 취한다. 다음으로 고기와 혀, 신장을 잘라내어 말리고 살코기는 따로 보관하여 상자에 담아 중국인에게 판다."

청나라 건륭 연간 유양벽劉良璧이 쓴 『중수푸젠타이완부지』(1741)의 「토번풍속土番風俗」에도 관련 기록이 있다.

"사슴 사냥을 '출초出草'라고 부른다. 불을 질러 길을 내며 실화를 막기 위해 여러 명이 감시한다. 연기가 나고 사슴과 노루가 놀라 달아날 때 활을 쏘거나 창을 던진다. 사냥 후 사슴의 가죽을 벗기고 피를 같이 마신다.

내장은 소금에 절여 독에 보관하는데 이를 고방규膏蚌鮭라 한다. 소금을 약간 쳐서 먹기도 한다. 야생동물의 고기는 불로 익혀 피와 함께 먹는다. 피를 마신 후 가죽을 최대한 벗겨낸다. 털은 먹지 않는다."*

원주민들은 집단으로 포위하는 방식으로 사슴을 사냥했으며 때로는 불도 이용했다. 사슴의 피를 먹고 뿔과 가죽을 벗겨낸 후 고기는 그대로 먹거나 불에 익혀 먹었다고 한다. 또한 고기, 혀, 내장 등을 소금에 절여 보관하여 중국인에게 팔기도 했다. 사슴의 내장을 소금에 절여 독에 저장한 것을 일컬어 '고방규'라고 했다.

또한 다른 문헌에는 "'고방규'는 사슴의 간을 썰어 염장한 것으로 오랜 기간 저장한 후에 먹으면 '금구리噤口痢'(이질. 음식을 못 먹는 병)를 치료할 수 있다"는 기록이 있다.

초기 염장식품

네덜란드나 청나라에 보관되어 있던 타이완의 절임 생선·고기는 타이완 해협을 건너 중국으로 판매되었다. 17세기『제일란디아 요새 일지』등의 네덜란드 문헌과 명정 시대의 사료에 따르면, 당시 타이완에서 중국으로

---

* '출초出草'는 타이완에만 있는 단어로 17세기 원주민들이 사슴 사냥을 일컫는 말에서 기원했다. 출초와 용법이 비슷한 사례로는 출범, 출항, 출해, 또는 출장, 출근 등이 있다. 초草는 무엇을 뜻할까? 사슴은 초원에서 풀을 먹으므로 초원으로 사슴 사냥을 떠난다는 의미로 볼 수 있다.
19세기 이후 사슴의 개체 수가 빠르게 줄어들었고, 또한 중국인들이 침입하여 원주민이 살던 산지를 개간하면서 두 집단 사이에 무력 충돌이 빈번하게 발생했다. 출초 또한 원주민의 구역에서 사람을 죽인다는 의미로 점점 변했다.
청나라의 타이완 관련 문헌에도 '출초'가 등장하는데, 초기에는 사슴 사냥을 뜻했지만 후기에는 사람을 잡는 것으로 의미가 달라졌다.

판매된 제품으로 생선에는 숭어, 삼치, 청어, 상어 지느러미 등이 있고, 고기류에는 녹포, 말린 소고기 등이 있었다.*

『제일란디아 요새 일지』에 당시 타이완에서 잡은 생선 대부분은 수출하고, 일부 저가 생선은 타이완에서 먹었다는 기록이 있다. 또한 갑오징어는 자주 수출했지만, 현지인들은 펑후의 꼴뚜기를 먹었다고 한다. 꼴뚜기에 대해서는 "갑오징어와 비슷하지만 두꺼우며 말려서 먹었다. 작은 것은 묵두墨斗라 부르는데 맛이 떨어진다"고 적었다.

1624년 네덜란드가 타이완을 통치하기 전에도 이미 푸젠·광둥 연안의 어민이 타이완에 와서 고기를 잡았다. 처음에는 특정 계절에만 머무르다가 점차 농사일도 하면서 아예 옮겨와 정주하는 사람이 늘어났다. 네덜란드 시대부터는 어민에게 세금을 부과했고 명정, 청나라 시대에도 이어졌다.

숭어 숭어烏魚의 가장 비싼 부위는 알이다. 소금에 절여 햇볕에 말린 숭어 알을 오어자烏魚子라고 부른다. 청나라 시대 타이완 문헌에는 "햇볕에 말린 숭어의 알을 오어자라고 하며 맛이 좋다" "알을 뭉쳐서 소금에 절여 햇볕에 말리면 맛이 더욱 좋다" "알 통째로 소금에 절여서 돌로 눌러 햇볕에 말

---

* 예를 들면 『정씨사료속편鄭氏史料續編』 제6권 「순치順治 15년 정월에서 9월까지」를 보면 무역선이 태풍을 만나 손실을 본 품목이 등장한다. 소목, 후추, 면화, 상아, 마제석, 등나무, 빈랑, 새우, 말린 소고기, 쌀, 말린 생선 등이 기록되어 있다.

숭어 알을 가공하는 모습. 『일본지리대계日本地理大系-타이완편臺灣篇』(1930~1931)

린 후 익히면 술안주로 삼을 만하다"**라고 했다.

숭어의 살은 소금에 절여 자반으로 만들어서 알과 함께 중국으로 수
출했다.

숭어 알은 일본에서 가라스미唐墨라 불리며 3대 진미로 손꼽혔다. 당
시 네덜란드인은 타이완에는 숭어를 팔지 않고 일본으로 가져갔는데, 중
국에서 사와 일본에 팔았던 것으로 보인다.

동갈삼치　삼치는 오늘날까지도 타이난과 펑후의 진귀한 생선으로 대접받
고 있는데 옛날에는 어떻게 팔았을까?

** 　출처는 각각 『타이완부지』(1685)와 『중수타이완부지』(1718), 『카발란청지噶瑪蘭廳志』
(1816)임.

『제일란디아 요새 일지』는 17세기 타이완 남부 해역의 주요 어종은 '국왕어國王魚'(네덜란드어 Koningvis, 영어 Kingfish)라고 기록했다. '국왕어'는 바로 동갈삼치塗魠를 지칭하며 말이며 숭어 못지않은 이윤을 남겼다.

청나라 『제라현지』(1717)에는 "동갈삼치는 삼치와 비슷해 보이지만 더 크고, 무게는 20근 정도 나간다. 비늘이 없고 맛이 좋다. 10월부터 청명까지 잡을 수 있으며 소금에 절여 육지에서 보관한다"는 기록이 있다.

청나라 『펑후청지』(1878)에도 관련 기록이 있다. "동갈삼치는 검은색에 비늘이 없고 큰 것은 40~50근 정도다. 초겨울부터 음력 2월까지 잡으며 맛이 감미롭다. 새끼줄로 단단히 묶어 소금에 절인 것을 내지에 판다."

동갈삼치는 예부터 통째로 소금에 절여 자반으로 만들었다. 고급 생선으로 알려져서 대부분 중국으로 판매되었음을 알 수 있다.

정어리 타이완어로는 '운아히鰮仔魚' 또는 '칭린위青鱗魚' 등으로 불리는 정어리는 세계에서 어획량이 가장 많은 어종 중 하나다.

명나라 말기 진제陳第는 『동번기東番記』(1603)에서 푸젠 어민들이 타이완에 와서 '온어溫魚'를 잡았다고 썼다. '온어'는 정어리鰮魚를 이른다.

『제일란디아 요새 일지』의 기록을 보면 2~4월 타이난 남쪽에서 '작은 물고기小魚'를 많이 잡았는데 숭어, 동갈삼치와 함께 중국으로 운송했다고 한다. 작은 물고기는 정어리를 일컫는 듯하다.

청나라 초기에 쓰인 『타이완부지』(1685)에는 "온어는 매년 여름과 가을에 무리 지어 해류를 타고 오며 펑후에 매우 많다. 주엽온竹葉鰮[밴댕이]

진산 연안의 정어리잡이

은 온어와 비슷하지만 길이가 다르며 청색이다"라는 기록이 있다.

정어리는 추광성 어종으로 청나라 문헌을 보면 타이난의 타이臺강 하구, 타이완 북부 연해 지역에서는 불빛을 비춰 추광성 어종을 그물로 유인했는데 정어리가 많이 잡혔다. 오늘날 신베이新北시 진산金山 연안에서도 전통적인 방법으로 조업하고 있으며 정어리 어획량이 가장 많다.

오늘날 가장 흔한 정어리 가공식품은 통조림이다. 과거에는 어땠을까?

청나라 타이완 지방 문헌에 따르면 "정어리는 소금에 절이는 생선"이라는 기록이 있다. 청나라 문헌인 『샤먼지』(1832) 중 세금을 부과하는 식품 항목에 '정어리 절임鰮鮭'이 있었다. 타이완이 수출하는 정어리 절임은 우선 샤먼 세관에 보내 세금을 납부한 후 재수출해야 했다. 당시 타이완은 항구를 개방하지 않아 세관이 없었기 때문이다.

샥스핀 타이완은 예로부터 샥스핀을 많이 생산했다. 네덜란드 문헌에 따르면, 당시 타이난 중국인들이 단수이 하구(지금의 가오핑강高屏溪 하구)에 와서 상어를 잡고 지느러미를 가공했다.*

타이완의 샥스핀은 대부분 중국의 장쑤와 저장으로 운송되어 판매되었다. 청나라 황숙경의 『대해사차록』(1724) 중 「적감필담赤嵌筆談」에서 관련 내용을 기록했다. "바다를 건너는 배에 장저우, 취안저우 상인이 많았다. (…) 설탕, 염료, 상어 지느러미 등을 싣고 상하이로 가서 작은 배로 쑤姑蘇의 시장까지 들어갔다. 배는 돌아오면서 포목, 비단, 면화, 모자, 쇠기름, 돼지고기 가공육, 바오주包酒, 후이취안주惠泉酒 등을 실었다."

청나라 주사개朱仕玠는 『소류구만지』(1765)에 "상어 지느러미는 핑둥과 펑후에서 난다. 매년 11월 어부가 바다로 나가 잡아서 장쑤, 저장으로 판다"라고 적었다.

녹포 17세기 초의 타이완은 세계 최대의 꽃사슴(타이완 아종) 서식지였다. 평원마다 꽃사슴이 많았고, 높은 지대에는 물사슴도 살았다. 사슴은 원주민의 주요 육식 공급원이었다.

타이완에 들어온 네덜란드인은 사슴의 경제적 가치를 알아봤다. 사슴 가죽은 일본(사무라이는 사슴 가죽으로 만든 전투용 조끼를 좋아했다)에 팔고,

---

* 『제일란디아 요새 일지』 제2권(1646년 5월 31일): 지붕이 있는 작은 배 한 척이 단수이(단수이 하류, 지금의 가오핑강 하구)에서 타이난에 도착했다. 돼지 다섯 마리, 장작 2000근, 상어 1800근을 실었다(『일지』에서 말하는 상어는 상어 지느러미를 가리킨다).

1662. Aan Goud, omtrent . . . . . . **600** **1663.**
- - Kleene verouderde Bloed-Koraalen inkoops, gekoft hebbende 300
Ryxdaalders a 60 ftuyvers. . . . . . .
Eenige Kaffen en Vaatjens Barnfteen, weerd . . . **900**
Contanten, 40000 Ryxdaalders a 60 ftuyvers. . . **50000**
Aan andere grove Waaren, en Koopmanfchappen, in de Pakhuyzen, **120000**
ontrent drie Tonnen Gouds. **300000**

471500

De ware redenen van Formofa's verlies.

Uit welke befchryving men dan klaar ziet, dat Formofa allereerft door den bitteren haat van den Heer *Verburg* tegen den Heer *Coyett*, door zyn en *van der Laans* valfche en al te licht by haar Edelheden voor waarachtig aangenomene berichten, en door de dubble trouwlooze verlating van de Heeren *Klenk*, en *Caeuw*, fchandelyk verwaarlooft, en ook daar door wel voornamelyk verloren is: want hadden de twee laatfte daar gebleven, en hun pligt betragt, het zou nog zoo licht niet overgegaan hebben.

Hoe men met den Heer Coyett gehandeld heeft.

Wat fchandelyk Pleydoy men naderhand dezen dapperen Heer, en eenige Leden van zynen Raad, daar over aangedaan, wat voor een wonderlyken eifch de Advocaat Fifcaal *Philibert Vernatti* daar over opgefteld, en wat fchande men hem verder daar over doen lyden heeft, ziet men aldaar mede wydloopig nederfteld. Hy wierd niet alleen, zoo ras hy op Batavia quam, gevangen gezet, maar, na 't aandoen van veel andere fmaadheden, volgens de overgekomene berigten, op 't Schavot gebragt, 't Zwaard hem door den Scherprechter over 't Hoofd geflagen, en hy na Rofingeyn in Banda voor zyn leven den 11 Juny Ao. 1665, na een gevankenis van 3 jaaren, gebannen; dog alwaar

Die Ao. 1674. van zyn banniffement ontflagen wierd.

hy op Poelo Ay gewoont heeft, daar in het huisje, waar in zich die wakkere man tot Ao. 1674. onthield, gezien heb, hoewel hy toen, op de bede van zyn kinderen en vrienden by den Heere Prince van Oranje, en op zyn Hoogheids voorfpraak by de Heeren Bewindhebberen op zekere voorwaarden, daar al mede te zien, uit zyne gevankenis ontflagen, en na het Vaderland vertrokken is.

Hoe lang Formofa by ons bezeten is.

En aldus is de E. Maatfchappy die fchoone Landvoogdy zoo fchandelyk, zoo fchendig, en trouwloos, na dat zy die 37 jaaren bezeten had, quyt geraakt.

Hoe 't verder met Coxinja afliep.

Hoe wy naderhand, by twee Tochten van den Heer *Bort* Ao. 1662. en Ao. 1663. getragt hebben Formofa weder te krygen, en den Tartar te bewegen, om *Coxinja* met onze hulp daar weer uit te jagen; en hoe men ons maar om den Thuyn leidde, en de Tartar daar na met de zynen verdragen is, hebben **wy** onder de ftoffe van T*sjina* ten deele vertoond.

Coxinja heeft ook, zoo men wil, niet

vangen kregen, en dat hy, vreezende, dat zy hem dingen, die hy niet geern wilde, zouden hebben doen bekennen, eerft zyn tong, en, op dat zy hem niet zouden dwingen te fchryven, daar na ook zyne voorfte vingeren afgebeten, en kort 'er aan een elendig einde gehad heeft.

Zyn Zoon, *Kimpfia*, of *Sepoan*, verzogt daar na de Tartars om Vrede, dog wierd afgeflagen, alzoo hy in Tayouan, mitsgaders in Aymuy, en Quemuy, een Regeering op zich zelven verzogt te behouden, mits fchatting aan hen betalende, en hun hair affnydende, dat hem egter van de Tartars geweygert, gelyk hy door hen ook eenigen tyd daar na vervolgd, maar eindelyk nog met hen verdragen is.

Groote aangelegenheid van Formofa.

Van wat aangelegenheid deze aanzienelyke Landvoogdy voor de E. Maatfchappy, en hoe groot by gevolg hare fchade geweeft is, zou men eenigzins konnen giffen, als men maar eens mogt nafpeuren met hoe zware Hoofdzommen 'er van daar op Japan, en van Japan op Tayouan gehandeld is; behalven dat het wonderlyk wel gelegen was, om den Handel der Spanichen, en Portugeezen op Japan en T*sjina* te bederven, en uit te roeyen.

Om nu hier te gelyk eenige opening van de Waaren, die hier vielen, of ook wel getrokken waren, te geeven, zullen **wy** daar af zeggen, 't geen ons bekend is.

De Waaren, hier vallende, zyn deze.

Hennepe Lywaden.
Ruwe Zyde.
Geconfyte Gember.
Witte Gilams.
Roode dito.
Witte Zuyker.
Bruyne dito.
Ryft.
Harte-vellen.
Elands-huyden.
Koeyen dito.
Buffels dito.
Steen-Bokken-vellen.

Waaren, hier hier vallende.

사슴 가죽

황소·물소 가죽

Waaren, hier getrokken.

Barnfteen.
Peper.
Koraal.
Ryxdaalders van Achten.
Veelerley Kleeden in foorten, &c.
Vermits **wy** nu overal en Lyft der Landvoogden bygevoegd hebben, kon-

En hier getrokken.

프랑수아 발랑틴F. Valentyn이 네덜란드어로 쓴 『신구동인도회사Oud en Nieuw Oost-Indiën』의 「타이완」 편은 타이완이 황소와 물소 가죽 외에 사슴 가죽을 수출했다고 기록했다.

녹포와 녹편 등은 중국에 팔았다.

가죽과 녹포를 대량 생산하기 위해 네덜란드인은 원주민의 사슴 사냥을 장려했다. 심지어 사슴 가죽에는 강제로 세금을 부과했다. 이후 중국에서 사람을 모집하여 사슴 사냥을 시키기도 했다. 당시 타이난 제일란디아 요새 밖의 중국인 거리에는 중국인들이 사슴고기를 내걸고 바람에 말렸다. 네덜란드 당국은 지역 주민과 행인들의 보행을 방해하고 악취를 풍기며 질병을 일으킬 수 있다는 이유로 이를 금지했다.

사슴 사냥은 명정과 청나라 시대에도 이어졌지만 청나라 시대 중기부터는 사슴이 점차 없어지기 시작했다. 당시 타이완은 적은 양이지만 말린 소고기와 소가죽도 생산했다. 네덜란드 문헌에는 명정 시대까지 수출했다는 기록이 있다.

일본 시대의 건어물 제조

일본이 타이완에 도입한 건어물 제조법 중 가장 유명한 것은 '가쓰오부시'와 '이치야보시'다.

가다랑어포　일본이 발명한 '가다랑어포'는 가다랑어의 뒤쪽 뱃살을 사용한다. 끓이고 훈제하여 건조와 발효를 거치고 다시 햇볕에 말리는 복잡한 과정으로 만들어진다. 맛도 좋고 장기간 보존이 가능한 건어물이 되었다.

중국 문헌에도 이와 비슷한 식품으로 '가소어佳蘇魚'가 있지만 그 의미는 알려지지 않았다. 청나라 가경 5년(1800)에 이정원李鼎元은 『사류구기

使琉球記』에 "매일 해산물을 먹으니 설사가 났다. 주방장을 불러 담백한 음식을 하라고 했더니 '가소어'를 가져왔다"라고 썼다. 그는 가소어를 보고 "5~6치 길이에 베틀북처럼 생겼고 마른 나무 같은 질감이었다. (…) 썰었더니 대패에 깎인 나무 같았다"고 했다. 호기심에 그 이름의 유래를 물었지만 답은 얻지 못했다고 한다.

그는 마지막으로 "이것은 우리나라의 흔한 별미로 임금부터 백성까지 모두 즐긴다"면서 '가정에서 흔히 먹는 채소'를 줄여서 '가소家蔬'라고 하는 것과 같은 이유로 생긴 이름이 아닌지 추측하며 물었다. 사실 '가소佳蘇'는 가다랑어의 일본어 가쓰오Katsuo를 음역한 단어다. '가다랑어포'는 매우 질겨서 반드시 대패로 깎아야만 먹을 수 있다. 타이완에서는 바싹 마르고 딱딱한 고기라는 의미로 '차이위柴魚'라고 부른다. 일본 시대의 타이완에는 많은 가다랑어포 공장이 있었다. 전쟁이 끝난 후 과거의 명성은 다소 퇴색되었지만 제조법은 계속 전해진다.

이치야보시 일본의 건조 생선에 이치야보시가 있다. 타이완에서는 2000년부터 '이예간一夜干'으로 불리며 유행하기 시작했다. 이치야보시는 일본 홋카이도에서 유래했으며 말 그대로 하룻밤을 말린다는 의미다. 그래서 많은 소금을 뿌려 자반생선으로 만들지 않고 오랜 기간 햇볕과 바람에 건조하지도 않는다. 약간의 물기를 없애면서 육즙을 농축시켜 신선함과 육질의 식감을 좋게 한다.

이치야보시는 생선을 저염도의 소금에 절인 후 실외에 걸어서 하룻밤

정도 바람에 건조하는데 때로는 하루걸러 햇볕에 말리기도 한다. 충분히 추운 날씨가 되어야 생선이 변질되지 않는다. 일본에서는 전갱이로 만든 이치야보시를 상급으로 본다. 타이완에서는 '날가지숭엇과'의 생선을 사용한다.

지금은 냉장·냉동 기술이 충분히 발전했는데도 어째서 사람들이 이치야보시를 찾을까? 이에 대해 만위안滿源수산 사장이자 자반생선 전문가인 류쭈위안劉祖源은 이렇게 분석했다.

"저온 물류배송이 발달한 오늘날에도 이치야보시의 입지가 여전히 탄탄한 이유는 다른 생선에 비해 음식의 풍미를 잘 살리기 때문이다. 생선살이 효소와 단백질의 작용으로 시간이 지나면서 여러 가지 신선한 맛을 만들어낸다."

식보

식보食補란 무엇인가? 보補는 부족한 것을 채운다는 뜻이다. 신체에 적용하면 영양을 공급한다는 의미로 약보藥補의 상대적인 개념이다. 식보는 음식을 이용하여 몸을 보호하며, 약보는 약으로 몸의 균형을 조절한다. 중국의 전통 의료 관념은 '약보다는 음식으로 몸을 돌보는 것藥補不如食補'을 중시한다. 음식만이 몸에 필요한 영양을 제공하여 면역력을 강화할 수 있으며, 예방이 치료보다 중요하기 때문이다.

중의학에는 '약식동원藥食同源' 이론이 있다. 어떤 음식은 약으로 쓸 수 있고, 또 어떤 약은 음식으로 삼기도 한다. 위생복리부 중의약사는 200여 종의 '식품으로 쓸 수 있는 중의약재'를 발표하여 공개하고 있다. 흔히 볼 수 있는 국화, 연자, 백합, 대추, 구기자, 산자, 산약, 흰목이버섯, 용안육 등이 포함된다.

식보는 약은 아니지만 영양이 풍부하거나 약의 성질이 있는 진귀한 음식을 먹는 것이기 때문에 많은 이가 관심을 가진다. 타이완어에서 식보는 두 가지 의미를 담고 있다. '싯푸'라 읽으면 영양이 풍부한 음식으로 몸을 보양한다는 의미이고, '칫푸'로 읽으면 보양식을 먹는 행위를 가리킨다.

타이완 원주민의 식보

타이완 원주민은 전통적으로 사슴, 돼지, 양, 이리, 원숭이 등을 사냥하며

생활을 영위했다. 특히 중요한 육식 공급원인 사슴고기 사냥은 청나라 중

기를 지나며 사슴이 사라질 때까지 이어졌다.

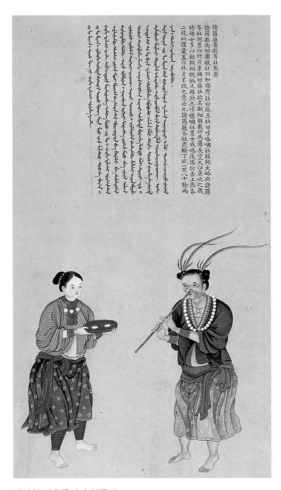

제라현 샤오룽서의 원주민

청나라 시대 시라야인

미국의 역사학자 토니오 안드레이드Tonio Andrade는 17세기 타이난 원주민인 시라야족 남성의 키가 네덜란드인보다 컸으며 이것은 사슴고기를 즐겨 먹는 식성과 관련 있다고 했다.*

당시 네덜란드인은 지금처럼 키가 크지 않아 보통 168센티미터 정도였다. 반면 시라야인은 이들보다 머리 반 개 정도 더 큰 176센티미터였다.

청나라 시대 타이완 관련 기록에 따르면, 원주민은 사슴을 사냥한 후 피와 고기 외에 사슴의 장기를 독에 저장했는데, 이를 '고방규'라 불렀다.

『제라현지』(1717)는 "사슴의 간을 가늘게 썰어 젓갈을 담그는데 이를

* 토니오 안드레이드의 박사논문 "How Taiwan Became Chinese: Dutch, Spanish, and Han Colonization in the Seventeenth Centry" 참조.

고방규라 한다. 오랫동안 보관하여 먹으면 금구리를 치료할 수 있다고 한다"고 기록했다. '금구리噤口痢'는 중의학에서 말하는 식욕이 떨어지는 이질을 일컫는다.

중국인은 동물의 장기를 보양식품으로 여겼다. 이런 관점에서 원주민이 동물의 내장을 저장하는 모습을 바라봤을 것이다.

타이완 중국인의 전통 식보 문화

중국인의 음식문화에 큰 영향을 미친 중의학은 식보에 관한 두 가지 학설로 유명하다. 우선 장기로 장기를 보양한다는 '이장보장以臟補臟'이 있다. 동물의 장기를 먹어서 사람의 장기를 보양한다는 의미다. 예를 들어, 뇌를 먹어 뇌를 보양하고, 마찬가지로 동물의 간, 신장, 눈은 사람의 간, 신장, 눈에 도움이 된다고 믿는다. 또한 동물의 생식기는 양기를 키우는 데 좋다고 여겨졌다. 이런 이유로 중국에서는 동물의 내장이 살코기보다 영양이 풍부하다고 여기는 음식문화가 형성되었다. 돼지를 사육할 때 항생제나 잔류 호르몬 문제가 없었던 시절에는 내장 가격이 고기보다 비쌌다. 마찬가지로 "머리가 3할" 또는 "머리는 인삼의 3할" 등의 속담이 생긴 이유는 머리 부위의 효능이 인삼의 3할 정도 된다고 믿었기 때문이다. 또한 '일록구경一鹿九鞭'[한 마리 사슴에 아홉 개 생식기]이라는 말은 가짜가 많다는 뜻으로 사슴의 생식기가 얼마나 인기 있었는지를 보여준다.

이와 함께 음식의 생김새에 따라 몸을 보양하는 것을 '이형보형以形補形'이라 한다. 호두를 먹는 이유는 그 생김새가 사람의 뇌와 비슷해 보이기 때문이다. 토마토로 심장을 보양하려는 것도 같은 원리다. 색깔과 모양은 물론 자른 단면에 네 개의 공간이 보이는 등 닮은 점이 눈에 띄기 때문이다.

또 다른 학설은 음식의 속성을 이용한 보양이다. 음식은 차고, 시원하고, 따뜻하고, 뜨겁고, 중간 정도 되는 다섯 성질을 갖고 있다. 이런 성질이 신체에 미치는 영향을 가늠하여 골라 먹는 보양법이다.

몸이 허약하고 추위를 잘 타는 사람이나 추위로 인한 병을 예방하고 회복하기 위해서는 시원하거나 차가운 성질의 음식을 피하고 따뜻한 성질의 음식으로 원기를 보충해야 한다. 이를 보양補陽이라 하며 반대의 경우는 보음補陰이라고 한다. 가장 보편적인 보양식 조리법은 약한 불로 오래 끓이면서 중의학 약재를 첨가하는 돈보燉補가 있다.

타이완 식보의 3대 재료

'사신四臣' '팔진八珍' '십전十全' 등 중의학 약재 배합 외에도 생강, 참기름, 미주 등은 타이완 식보에서 가장 흔히 볼 수 있는 재료다. 장무야薑母鴨[생강 등을 넣은 오리탕], 마유지, 사오주지는 타이완의 3대 보양식으로 손꼽힌다.

생강, 참기름, 미주는 보양식 조리에 삼위일체로 함께 쓰이는 재료다. 솥에 참기름을 두르고 약한 불로 생강을 볶아 향을 낸다. 여기에 고기와 미주를 넣는다. '마유지' '장무야' '양고기찜羊肉爐'은 타이완의 누리꾼들이 이야기하는 겨울철 대표 보양식으로 '세한삼우歲寒三友'라고 불린다. 이들 요리에는 생강, 참기름, 미주 중 어느 하나라도 빠져서는 안 된다.

타이완의 유명한 '싼베이지三杯鷄[닭조림]' '싼베이중좐三杯中卷[오징어조림]' 등 싼베이 요리는 간장을 필두로 참기름과 미주가 꼭 필요하며, 센 불로 볶을 때는 생강을 추가하기도 한다.

타이완어에서 생강薑母이라 하면 보통 늙은 생강을 일컫는다. 청나라 『타이완부지』(1685)에는 생강에 대한 기록이 있다.

"생강은 3, 4월에 심으면 5, 6월에 발아하는데 매우 부드러워 '자강子薑'이라 불렀다. 해가 지나면 모강母薑이라 한다." 청나라 『단수이청지淡水廳志』(1871)에는 "생강은 봄에 심으면 여름에 익는다. 처음에는 부드럽고 가늘며 자강紫薑 또는 수강水薑이라 부른다. 늙은 생강은 강모薑母라 부른다"고 되어 있다. 자강은 '茈薑'이라고도 쓰며, 연한 생강을 말한다.

청나라 『제라현지』(1717)는 후한 시대 『설문해자說文解字』를 인용하여 "생강薑은 강薑이라 하며, 습한 기운을 막는 채소"라고 소개했다. 여러 문헌의 기록을 통해 생강은 식보의 중요한 재료임을 알 수 있다.

참기름은 참깨 기름의 준말로 타이완은 네덜란드 시대부터 우수한 품질의 참기름을 제조해왔다. 청나라 『타이완부지』(1685)에는 "기름은 지마유脂麻油와 비마유萆麻油가 있다"고 기록되어 있다. 『봉산현지』(1717)에는 "기름은 지마유와 비마유, 채유菜油, 낙화생유落花生油 등 네 종류가 있다. 마유는 내지보다 우수하다"고 나와 있다. 지마유는 식용 참기름을 말하며, 비마유는 설탕 제조나 윤활제로 쓰이는 기름을 말한다.

타이완 중국인은 예부터 '사오주'(증류주)를 만들었다. '타이완 미주'는

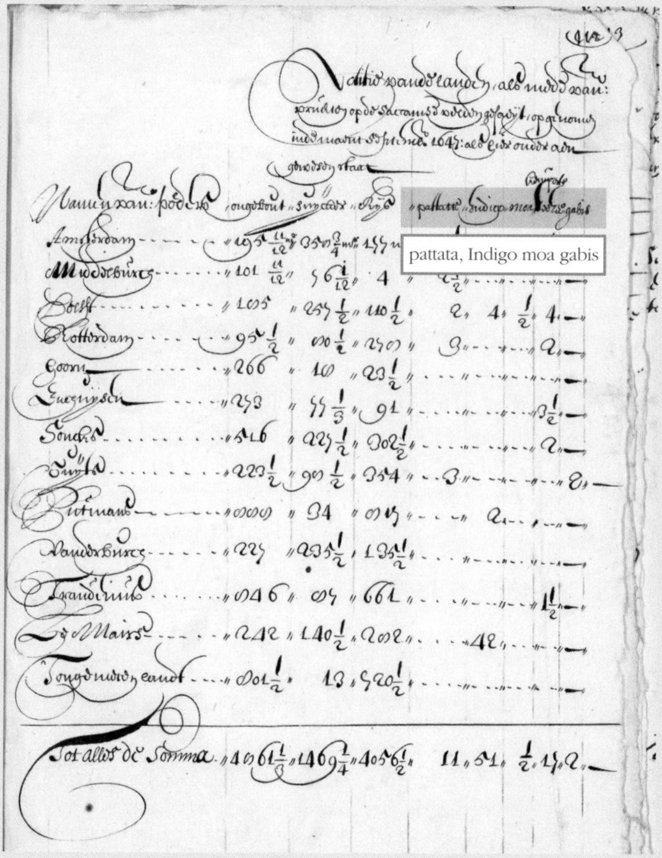
pattata, Indigo moa gabis

1647년 츠칸 농지 기록에 따르면 이미 moa(마)를 재배했다.

일본 시대부터 양산된 '훙뱌오 미주'를 가리킨다. 펑라이미를 원료로 증류한 술이다. 여기에 당밀 주정을 넣어서 만드는데 도수가 높은 편이다. 중국의 황주나 일본의 청주와는 제조 방법이 다르다. 미주는 타이완 요리에서 매우 중요한 조미료다. 보양식 조리에 사용하는 경우가 더 많고 필요에 따라 아예 물을 대신하기도 한다.

보양식을 먹는 네 시기

타이완인은 평소에도 보양식을 즐겨 먹는다. 봄과 여름에는 음기를 보충하고, 가을과 겨울에는 양기를 채운다. "힘들수록 보양식을 먹는다"는 타이완 속담은 고생 속에서도 즐거움을 찾아야 한다는 뜻을 내포한다. 근래 들어 타이완 어시장에 해산물 경매가 성행하면서 생선 머리를 가리키며 "머리가 보양식의 3할이니 먹지 않으면 고생한다"는 광고로 손님을 모으는 판매상도 있었다. 물론 특정 시기, 청소년의 성장기도 그렇지만 출산하거나 병을 앓을 때는 더 강력한 보양식을 먹을 필요가 있다.

겨울철 겨울은 보양식이 필요한 계절이다. 타이완 북부는 입동立冬에, 남부는 동지冬至에 보양식을 먹는데, 추위를 이겨낼 체력을 키우기 위함이다.

겨울철 보양식은 보통 양고기나 오리고기 등 육류가 많고 술과 약재를 넣어 약한 불로 오래 끓여서 먹는다. 그 밖에 찹쌀, 용안, 설탕, 술 등으로 쪄낸 떡을 먹기도 한다.

"겨울철 몸보신에 입이 즐겁다"는 속담이 있는데, 이는 겨울에 보양식을 찾는 이유는 사실 맛있기 때문이라는 의미다.

출산 후 출산한 여성은 한 달 정도 쉬면서 차가운 음식을 피하는 등 신경 써서 몸을 보살펴야 한다. 식보가 특별히 중요한 시기다.

가장 보편적인 보양식은 마유지다. 과거에는 출산 후 닭을 20~30마리씩 먹었다는 이야기도 흔했다. 제대로 된 의약품이 없던 시절에는 "잘 낳으면 닭, 못 낳으면 관"이라는 속담이 유행했다. 순조롭게 출산한다면 맛있는 보양식인 마유지를 먹을 수 있었지만, 출산 시 문제가 생긴다면 죽을 수도 있다는 상황을 묘사한 속담이다.

성장기 몸이 성숙해지는 사춘기는 '뼈가 달라지는' 시기라고 한다. 성장기에는 성인의 골격으로 변하므로 발육을 돕는 보양식이 필요하다. 성장을 돕는 보양식으로는 닭과 한의학 약재를 함께 곤 탕이 가장 흔했다. 또한 '쓰천탕四臣湯'(또는 쓰선탕四神湯)[돼지 내장과 약재를 넣어 끓인 요리]으로 입맛을 돋우기도 한다.

수술 후 '수술'의 어원은 일본어로, 병원에 입원하여 '칼을 댔다開刀'라는 표현에서 왔다. 병원에서는 별도의 보양식을 제공하지 않기 때문에 병문안할 때 친구들이 보양식을 챙겨가곤 했다.

수술 후 식보는 농어탕이나 우럭탕이 가장 대표적이다. 농어, 우럭 등은 육질이 부드럽고 탄력이 있으며, 껍질에 콜라겐이 풍부하여 수술 부위가 아무는 데 도움이 된다고 믿었다. 그런 이유로 '수술어開刀魚'라고도 불렸다.*

식보에서 양생으로

타이완 국민의 생활 수준이 향상되면서 영양 부족에 관한 문제는 일찍이 사라졌다. 의학 지식이 대중화되면서 '식보'는 '양생養生'으로 달라졌다. 음식의 안전과 영양의 균형을 추구해야만 진정한 보양의 목표를 달성할 수 있다.

전통적인 식보의 효과는 현대 영양학의 검증을 거쳐야 한다. 이제는 생선과 육류를 특별히 강조하지 않으며 채식주의도 점차 늘어나는 등 건강한 음식문화를 키워나가고 있다.

---

* 타이완어로 '궈위鱯魚' 또는 '궈아위鱯仔魚'라 불린 우럭바리는 석반어의 일종이다. 청나라 시대 타이완 관련 문헌에는 석반어를 '구이鱥' 또는 '콰이鱠'라 기록했으며 이후 '鱯'[guo]와 같은 발음인 '鱯' '過' '郭' 등으로 표기했다.

매운맛

고추辣椒, *Capsicum annuum* 의 원산지는 열대 중남미 대륙으로 15세기 말에 스페인인이 유럽으로 가져갔다. 16세기에 동남아시아로 전해졌고, 다시 동아시아로 유입되었다. 처음에는 약용이나 관상용 작물이었지만 시간이 지나면서 매운맛을 내는 중요한 조미료가 되었다.

고추의 캡사이신은 매우 자극적인 성질이라서 혀의 미뢰에서만 느껴지는 '미각'이 아니다. 화학물질이 세포를 자극하기 때문에 모든 신경 부위에서 느껴지는 '통각'을 일으켜 피부가 타는 듯한 느낌을 준다.

19세기 말 『쾰러약용식물』에 수록된 고추 그림

캡사이신은 몸의 신경세포를 자극해 체온이 상승한 것으로 대뇌가 오인하게 유도한다. 몸이 스스로 방어기제를 작동하여 땀이 나고 호흡이 빨라지고, 심한 경우 구토하고 싶게 만들기도 한다. 그러나 매운맛을 좋아하는 사람은 땀을 흘리면서도 쾌감을 느끼기도 한다.

고추의 타이완 유입

타이완에 유입된 고추는 '번강番薑'이라고 불렸다. 고추는 외래 식물로 생강 같은 자극적인 맛 때문에 번강이라는 이름은 관례에 부합하는 작명이었다.*

청나라의 타이완 관련 문헌은 고추가 '네덜란드種出荷蘭' '자카르타種出咬留吧'에서 수출되었다고 기록했다. 그러나 네덜란드 문헌의 기록은 달랐다. 당시 타이완에서 '생강薑'(네덜란드어로 Gember)을 대량 재배했지만, 중국인이 말하는 '번강'(고추)은 재배하지 않았다고 한다.

그렇다면 고추는 네덜란드인이 가져온 시기보다 일찍 타이완에 전래되었을지도 모른다. '네덜란드산種出荷蘭'이라는 표현은 동남아시아에서 유입되었다고 해석할 수도 있다. 꼭 네덜란드인이 가져와서 재배했다고 단정할 수는 없다.

사실 스페인인은 1570년대에 이미 필리핀 마닐라에서 세력을 키웠으

---

* 타이완어에서 고추의 맛은 hiam이라 한다. 일본 시대 『대일대사전』은 '莘'으로 표기했다. 교육부는 '염薟'자를 썼다. 진晉나라 시기 편찬된 사전인 『자림字林』에 따르면 薟은 매운맛의 물부추를 가리킨다.

suickerriet, wortel China, gember't cruijt Cee om cangans verwe van te maecken , cattben, kennip, thee taback

네덜란드의 『제일란디아 요새 결의록』 1639년 5월 16일 기록에 따르면 타이완 에서는 생강gember 을 재배한다고 한다. 그 밖에 고구마suickerriet, 토복령wortel China, 인디고't cruijt Cee, 날염용 식물om cangans verwe, 면화cattben, 마 kennip, 차thee, 연초taback 등을 재배한다고 언급했다. 그중 면화는 재배에 실 패했다.

며, 1635년에는 필리핀을 관할 지역으로 편입시켰다. 당시 중국의 푸젠·광둥 지역의 장저우, 취안저우, 차오저우 사람들은 동남아시아와 타이완을 왕래했기 때문에 필리핀의 고추를 타이완과 중국으로 전달했을 가능성도 충분하다.

청나라 건륭제 시기 범함范咸은 『중수타이완부지』(1747)에 고추에 관한 내용을 적었다.

"번강은 목본식물로 네덜란드에서 들어왔다. 하얀 꽃이 피고 열매는 뾰족하고 길다. 다 익으면 주홍색으로 변해 눈에 잘 띄며 안에 있는 씨앗은 매운맛이 난다. 원주민도 가져가서 먹었다."

청나라 도광제 시기 『카발란청지噶瑪蘭廳志』(1852)에는 "번강은 꽃이 하얗고 잎이 녹색이다. 익으면 주홍색이 되고 안에 있는 씨앗은 맵다. 둥글고 길쭉한 모양으로 자카르타에서 수출한 것이다. 햇볕에 말려 장을 만들기도 하며 습한 기운을 막는 채소"라고 기록되어 있다.

타이완 원주민은 고추를 생으로 먹었음을 알 수 있다. 고추는 생으로도 먹고 건조하여 장을 만들 수도 있었으며, 중의학에서 말하는 한기와 습기를 제거하는 '산한조습散寒燥濕'의 효능이 있었다.

중국에 전파된 고추

고추는 중국에 전해지면서 '번초番椒'라 불렸다. 이는 중국이 원산지인 산초花椒, 오래전에 유입된 후추胡椒와 구분하기 위해 붙여진 이름이다. 명나라 숭정제 시기 요가성姚可成의 『식물본초食物本草』(1643)는 고추의 약효를

"소화 체증을 해소하고 막힌 기를 풀어주며, 식욕을 자극하고, 비린내와 독성을 없앤다"라고 기록했다.

'번초'는 어떻게 '날초辣椒'['고추'의 중국어]가 되었을까? 중국어에서 매운맛은 '매울 신辛'을 썼다. 후한 말 편찬된 속어 사전인 『통속문通俗文』에는 "신辛이 심한 것을 날辣이라 한다"고 기록했다. '날초'라는 이름의 유래라고 할 만하다. 중국에서 고추는 기존의 산초나 후추보다 훨씬 매웠으며 시간이 지나면서 가장 보편적인 매운맛 향료가 되었다.

고추는 타이완과 푸젠 지역에 가장 먼저 유입되어 식용으로 쓰였지만 달리 환영받지 못했다. 이후 구이저우, 쓰촨, 후난 등지에 알려지면서 특유의 매운맛이 본격적으로 퍼져나갔다. 청나라 건륭제 시기부터 이들 지역 요리의 특징을 형성하는 대표적인 맛으로 발전했다.

매운맛을 싫어하는 일본인

일본어로 고추는 '당신자唐辛子'라고 쓴다. '당唐'이란 글자 때문에 중국에서 전래된 것처럼 보이지만 '당'은 외국을 가리키는 말이기도 해서 반드시 중국에서 일본으로 전해졌다고 단정 짓기는 어렵다.

남아시아, 동남아시아, 동북아시아의 국가 중 일본은 상대적으로 매운맛을 덜 즐긴다. 일본 요리는 대개 담백함을 중시하며, 고추를 직접 쓰는 요리도 적은 편이다. 일본 식당에서 가장 쉽게 볼 수 있는 조미료인 '시치미七味粉'와 '유즈코쇼柚子胡椒'에도 고춧가루의 양은 매우 적다. 일본 식품에 표시된 '매움辛' '매우 매움激辛' 등은 사실 그리 맵다고 할 정도는 아

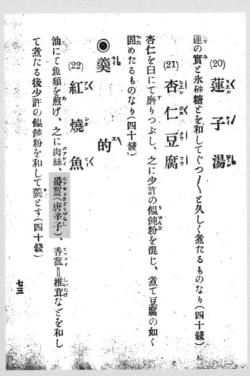

(20) 蓮子湯

蓮の實と氷砂糖とを和してぐつぐつと久しく煮たるものなり（四十錢）

(21) 杏仁豆腐

杏仁を臼にて磨りつぶし、之に少許の彊飾粉を混じ、煮て豆腐の如く固めたるものなり（四十錢）

◉ 羹的

(22) 紅燒魚

油にて魚類を煎げ、之に肉絲、番薑（唐辛子）、香菰＝椎茸などを和して煮たる後少許の彊飾粉を和して羹とす（四十錢）

일본 시대 「타이완 요리법」에 기록된 '훙사오위' 재료 중 고추가 보인다.

니다. 인도 카레는 본래 매운맛이었지만 일본인은 과즙을 첨가하여 매운 정도를 낮추고 단맛이 나는 '일본식 카레'로 만들었다.

일본인은 어째서 매운 음식을 먹지 않을까? 일본인은 전통적으로 아주 매운 건 건강에 좋지 않다고 여기기 때문이라고 한다. 일본 요리는 타이완의 음식문화에 상당한 영향을 끼쳤지만, 자극적인 와사비에도 고추는 들어가지 않는다. 일본 문헌에도 타이완인이 매운 것을 먹었다는 내용은 매우 드물다. 그러나 타이완 요리 '훙사오위紅燒魚'[양념 생선조림]에 '번강(당신자)'을 넣었다는 기록이 있기는 하다.

매운 음식을 먹으면 불효자

타이완은 오랜 과거부터 일본 시대에 이르기까지 일부는 매운맛을 먹었지만 말 그대로 일부에 지나지 않았다. 음식을 조리하며 고추를 넣었을 수도 있겠지만 주재료는 아니었다.

타이완 민간에는 매운 것을 먹는 건 불효라는 말이 있다. 널리 쓰이지는 않았지만 어떤 유래가 있는지 궁금해진다. 어째서 매운 것을 먹는 게 불효인가? 두 가지 가설이 있다.

첫째, 매운 것을 먹으면 사람의 마음이 독해지고 행동도 악랄하게 변하기 때문에 부모에게 불효를 저지르게 된다. 이 가설은 미신처럼 보이지만 매운 음식을 금기시하는 사람도 있다.

둘째, 너무 매운 음식을 먹으면 몸이 상할 수 있다. 특히 눈에 좋지 않다. "몸과 피부, 터럭은 부모에게서 받은 것이니 상하지 않는 것이 효의 시작"이라는 옛말에서 보이듯, 매운맛을 즐겨 먹는 것도 불효인 셈이다.

그 밖에 불교의 오신五辛(오훈채五薰菜)에서 유래했다는 설도 있다. 매운 것을 먹을수록 '복과 덕이 쇠'하여 지옥으로 갈 수도 있으니 이 또한 불효와 다름없다. 그러나 오신은 파, 마늘, 부추 등 파과 식물이다. 고추는 포함되지 않지만 어쩌면 민간신앙에 의해 확대 해석되었는지도 모른다.

전후 시대 유행한 매운맛

전후 시기, 중국의 군인과 민간인이 대거 타이완으로 이주하면서 타이완의 음식문화도 풍성해졌다. 그중 매운맛으로 유명한 쓰촨, 후난의 요리는 매운맛 열풍을 일으키며 본래 매운맛을 그다지 즐기지 않았던 타이완인들을 유혹했다.

타이완인은 본래 삼겹살이나 바이잔지白斬鷄[닭백숙] 등을 먹을 때 다진 마늘을 넣은 간장에 찍어 먹었다. 전후 시대부터 간장에 생고추를 넣는 사람이 많아졌다.

쓰촨 요리의 얼얼함 쓰촨 요리는 '마라麻辣'로 유명하다. 산초에 고추를 더하고 여기에 후추마저 추가하면 '삼초三椒'가 된다. 쓰촨 사람들은 타이완에서 매운 두반장을 만들었다. 이후 공장에서 대량 생산하는 고추장, 고추기름, 고추 두반장 등이 출시되었고 일반 가정에까지 자리를 잡았다.

타이완에서 유명한 쓰촨 음식으로 단단몐擔麵[탄탄면], 마파두부, 궁바오지딩, 두반장잉어 등이 있다. '쓰촨식 훙사오뉴러우몐'도 새로 만들어

냈는데, 이 음식은 지금까지 시장에서 굳건한 지위를 지키며 외국 관광객의 입맛을 사로잡고 있다.

1980년대, 타이완에는 마라 훠궈가 유행했다. 일부 사람들은 쓰촨 충칭으로 답사를 다녀오기도 했다. 이후 타이완에는 '마라훠 문화'가 나타났고, 한여름 시원한 방에서 겨울철 요리를 즐겼다. 일부 식당은 연중무휴로 영업했다. 마라 라면, 마라 컵라면, 마라탕 샤오츠 등이 속속 출시되며 전국적인 열풍을 일으켰다.

달콤 시큼 매콤한 동남아시아 요리 전후 시대, 타이완의 경제가 발전하고 생활 수준이 높아지자 다양한 외국 식당이 문을 열었다. 세계적으로 유명한 타이 요리는 타이완에서도 큰 인기를 끌었다. 타이완에는 1970년대 말부터 동남아시아 출신 여성(결혼이민)이 증가했다. 그중 베트남 국적이 가장 많았다. 1990년대에 이르러 타이완 각지에는 많은 베트남 샤오츠 노점이 나타났다. 일부는 타이완 샤오츠로 스며들어 '베트남식 타이완 샤오츠'가 되었다. 인도네시아 출신 결혼이민자와 노동자가 증가하면서 매운맛으로 유명한 인니 샤오츠 인기도 덩달아 커졌다. 동남아시아의 매운맛 요리에 신선한 레몬즙을 첨가하여 달콤 시큼 매콤한 특색이 만들어졌다. 특히 코코넛 밀크를 더하면 풍미가 배가된다.

보피고추 절인 고추 중에는 멕시코의 할라피뇨가 가장 대표적이다. 매운맛에 신맛이 가미되어 햄버거, 피자, 토르티야 등을 먹을 때 빠지지 않는다. 쓰촨 요리에도 절인 고추를 쓰기는 하지만 보편적이지는 않다. 고추를 직접 절여서 먹는 사람도 있다.

1990년대, 타이완인은 고추를 간장에 절이는 방법으로 '보피고추剝皮辣椒'를 발명했다. 신선한 풋고추를 기름에 살짝 데쳐 껍질을 벗기고 씨를 제거한 후 간장과 설탕을 넣은 물에 절인 것으로, 매콤한 향과 아삭한 식감이 느껴진다. 이후 보피고추는 계속 발전하여 지금은 여러 업체가 경쟁하고 있다. 풋고추와 홍고추 외에도 참기름이나 차유 등 다양한 맛의 보피고추를 시장에서 볼 수 있다.

2부

어떻게 먹었는가

옛날 범선의 음식

19세기에 증기선이 발명되고 널리 보급될 때까지 유럽인과 중국인은 범선을 타고 타이완에 들어왔다. 계절풍과 해류를 이용한 항해에는 오랜 시간이 걸렸다. 냉장 설비가 없는 배에서 그들은 무엇을 먹고 마셨을까?

대항해 시대의 타이완

대항해 시대(15~17세기)에 유럽인들이 처음 아시아로 가려면 대서양 동해안을 따라 남하하여 아프리카의 희망봉을 돌아 인도양으로 진입해야 했다. 다시 해안을 따라 동남아시아에 도착하려면 4~6개월이 필요했다. 기후 등 변수에 따라 9개월을 넘기기도 했다.

1565년 스페인인은 태평양을 가로지르는 뱃길을 개척했다. 아메리카의 식민지인 멕시코 아카풀코에서 출발하여 북위 15도의 북적도 해류를 타고 태평양을 건너면 동남아시아까지 약 3개월 정도 걸렸다.

네덜란드와 스페인이 타이완을 통치하던 시기(1624~1662), 네덜란드의 범선이 아시아 본부인 인도네시아 자카르타에서 타이난까지 오려면 약 반년이 필요했다. 스페인 범선을 이용하면 아시아 본부인 필리핀 마닐라에서 지룽까지는 대략 일주일 정도 걸렸다.

당시 대양을 건너는 가장 큰 배는 갈레온Galleon 범선으로 최대 300명이 탑승했다. 자연히 많은 식량과 물을 준비해야 했다. 신선한 육류, 채소,

네덜란드 갈레온 범선 모리셔스호(1600)

과일 등이 부족했고 위생 여건도 좋지 않아서 배에는 설사나 괴혈병을 앓는 환자가 끊이지 않았다.

갈레온 범선에서의 식사와 음주

네덜란드 문헌에 따르면 모든 배에는 고정된 식단이 있어 단체로 구매하여 선적했다. 또한 음식이 상하지 않도록 별도의 조치가 필요했다. 주식은 쌀밥과 빵이었는데 빵은 오랜 기간 바람에 말린 것이었다. 육류는 주로 소금에 절이거나 햇볕에 말린 생선·돼지고기·소고기 및 유지방 제품 등이었다. 유제품으로는 버터와 치즈가 있었다. 채소류는 완두콩과 절인 배추

포르투갈 갈레온 범선 제작도

를, 과일로는 절인 자두를 주로 먹었다.[*]

아침 식사로는 대개 죽 종류(네덜란드어 gortepap, 영어 porridge)를 먹었고 버터와 자두를 곁들이기도 했다. 점심에는 쌀밥, 빵, 완두, 생선, 고기 등 따뜻한 음식이 제공되었다. 저녁은 점심으로 먹고 남은 음식을 먹었다. 그 외에 간식으로 쿠키나 치즈, 절임 배추, 겨자 등이 있다.

그러나 주돛대 뒤편 객실에서 지내는 공무원, 귀빈 등은 특별한 대접

---

[*] 완두는 껍질까지 먹는 깍지완두와 일반 완두가 있다. 깍지완두는 청나라 문헌에 '네덜란드콩 荷蘭豆'으로 기록되어 있다. 청나라 옹정제 시절, 타이완 지부를 역임한 윤사량尹士俍은 『타이완지략臺灣志略』(1738)에서 "네덜란드 콩은 완두와 비슷하지만 알갱이가 부드럽고 향이 좋아 먹을 만하다"라고 썼다. 완두는 햇볕에 말려 저장하기도 했다. 네덜란드 상선의 완두는 오랜 기간 자연풍에 건조하는데 먹을 때는 먼저 물에 불려서 부드럽게 해야 했다. 현대 영양학에 따르면, 완두에는 항균, 소염 물질이 함유되어 있고 다른 채소에 비해 식이섬유 함량이 높은 편이라 장을 깨끗이 하거나 변비 예방에 효과적이다.

을 받았다. 꿀, 시럽, 햄, 건포도와 각종 향신료 등을 먹을 수 있었다. 갑판의 작은 공간에서 채소를 재배하거나 닭, 돼지, 양 등을 기를 수 있는 배에서는 신선한 음식이 제공되기도 했다. 좋은 여건처럼 보이지만 이들 관료나 귀빈들도 음식에 의한 병을 피하지는 못했다. 하지만 생존율은 선원이나 일반 승객에 비해 높았다.

선상의 음료로는 물과 주류가 있었다. 맥주, 포도주 외에 네덜란드 진 jenerver 등의 독주도 마셨다. 어째서 많은 술을 준비해야 했을까? 술은 물의 대체품이면서 추위를 쫓고 긴장을 풀어주기도 했으며 때로는 전염병을 예방하는 효과도 있었기 때문이다.

선상에서 승객에게 제공하는 주류는 섭취 기한에 따라 결정했다. 맥주를 먼저 내오고 다음으로 포도주를 제공했다. 목적지에 도착하기까지 며칠을 남긴 시점이 되어서야 독한 술을 마시도록 했다. 가장 큰 이유는 수량이 적어서였고, 아울러 주취 사고를 예방하기 위해서였다.

선상에서 물은 매우 중요한 문제였다. 장기간의 항해 중 물이 부족하면 선원들은 탈수 증상에 시달릴 수도 있기 때문이다. 적당한 물 공급 없이 항해가 지속되면 선원의 자살이나 반란이 일어날 수도 있다. 이런 이유로 대양을 건너는 대형 범선 한 척에 300명의 인원이 탑승한다면 빵 2만 5000킬로그램, 육류 1만5000킬로그램, 완두콩 5000킬로그램, 물과 술 2만 리터를 준비해야 했다.

대형 범선에서 식사를 전담하는 요리사는 중간 계층이었고 주방 보조로 어린아이들을 데리고 있었다. 주방 보조 소년이었던 프랑수아 카론

일본 나가사키 항구에 있는 청나라 무역선

François Caron은 이후 네덜란드가 타이완을 통치하던 시기에 '타이완 장관 Gouverneur van Formosa'(1644~1646)에 임명되었다.

네덜란드 범선이 일본의 히라도平戸로 가던 중 주방 보조였던 카론은 배에서 달아나 일본인 거주지로 숨었다. 이후 일본어에 숙달된 카론은 과거의 잘못을 속죄하고자 일본에서 통역을 하며 네덜란드인을 도왔고 일본 여성과 결혼도 했다.

그는 네덜란드 시대 말기에 샤오룽 신학교를 설립하여 현지 원주민 청소년들을 학교 교사로 키웠다. 카론의 혼혈 자식인 다니엘은 이 학교의 부교장을 맡기도 했다.

중국 범선의 식사와 총포

대양을 건너는 유럽의 대형 범선에 비해 중국의 범선은 크기가 작았다. 탑승 인원도 작은 배는 10여 명, 큰 배의 경우 200여 명 정도였다. 중국 범선은 항해 기간도 짧은 편이었다. 타이완과 중국 남부 연해 지역을 오갔으며 대략 하루에서 사나흘 정도 걸렸다. 타이완에서 동남아시아나 일본까지 가려면 보름에서 한 달 반 정도면 충분했다.

중국 범선은 항해 중 항구에 들러 음식을 보급할 수 있었으므로 다량의 식량과 음료를 준비할 필요는 없었다. 당시 배에 실은 음식을 별도로 기록한 문헌도 없다. 여러 나라에 흩어져 있는 자료를 모아서 유추해보면 중국 범선에는 백미, 토란, 고구마, 밀가루, 소면, 두부, 달걀, 청경채, 토마토, 무, 건포도, 절인 채소, 생선, 절인 생선, 절인 고기 등의 음식 그리고 조리에 필요한 목재와 석탄을 실었다.

배가 항구에 들어서야만 신선한 채소와 육류를 먹을 수 있었다. 사고 때문에 항구에 정박해야 할 경우 선장은 현지 관원에게 부탁해 쌀, 채소, 돼지고기, 닭고기, 물 등을 얻기도 했다. 선상의 음료는 물 외에 미주(사오싱주)와 고량주 등이 있었다.

청나라 시대 타이완과 샤먼이나 진먼을 오가는 상선에는 '취정炊丁'이라 불리는 '사찬司爨'(음식 조리 책임자)이 있었다. 상선에는 고용된 총주방장인 '총포總鋪'가 식단을 책임졌다. 어떤 배에는 '부총포'를 함께 고용하기도 했는데 이들의 직급은 일반 선원보다 높았다. 오늘날 타이완에서 연회 요리를 책임지는 총주방장을 '쭝푸스總鋪師'라고 부른다. 옛날 바다를 건너던 범선 주방장에서 기원한 명칭임을 유추할 수 있다.

"당시 범선의 선원은 어째서 항해하면서 낚시하지 않나요?" "신선한 생선을 먹을 수 있지 않나요?" 같은 질문이 이어질 수 있다. 당시 바다를 항해하던 동서양의 범선은 대부분 무장한 상선 또는 전함이었다. 그런 만큼 선상의 규율은 엄격했다. 어떤 배는 선원이 욕설을 뱉으면 처벌하는 규정도 있었으니 낚시는 더더욱 불가능했을 것이다.

갯농어 양식은 언제부터 했을까?

갯농어는 가시가 많지만 영양이 풍부한 생선으로 염수와 담수에서 모두 양식할 수 있다. 마치 하늘이 빈자에게 하사한 음식처럼 보인다. 그래서인지 갯농어는 타이완에서 많은 사랑을 받는 특별한 요리가 되었다. 그 이면에는 음식문화의 전통과 유구한 역사가 남긴 이야깃거리가 자리한다.

갯농어

타이완의 갯농어 문화

2016년, 타이완의 집권당이 된 민진당 정부가 '92공식九二共識'[1992년 정립된 중국과 타이완의 양안 관계에 관한 원칙]을 인정하지 않겠다는 소식이 보도되었다. 중국 푸젠의 수산물 수입상은 타이난시 쉐자구學甲區와 맺은 갯농어 계약을 해지했다. 타이완 갯농어를 중국 시장에 팔 수 없게 된 것은 정치적인 이유일까? 마케팅 문제 혹은 음식문화의 차이 때문인가? 좀 더 자세히 살펴봐야 한다.

계약이 만료됐다는 것은 2011년부터 시작된 갯농어 계약이 5년의 기간을 다 채우고 더 이상 지속되지 않는다는 뜻이다. 왜 계약을 갱신하지 않았을까? 정치 문제라고 볼 수도 있지만 근본적인 원인은 갯농어가 중국 소비자들의 입맛에 맞지 않았기 때문이다. 자연히 판매량은 줄어들었다. 단순히 갯농어의 이름을 '장원어壯元魚'로 바꾼다고 해결될 문제가 아니다. 실상을 들여다보자. 2015년에 푸젠의 수산업자들은 타이완 측이 이미 계약한 갯농어를 되사겠다고 하자 전량을 넘겼고 더 이상 중국 시장에 팔지 않았다.

타이완 해협을 공유하는 양안 사이에는 비슷한 음식문화가 많다. 그러나 갯농어를 먹는 관습은 오직 타이완에서만 볼 수 있다. 갯농어는 타이완 역사에서 가장 오래되고 가장 규모가 큰 양식 어종으로 수백 년 동안 발전하며 특유의 '갯농어 문화'를 형성했다.

오늘날 타이완에서는 갯농어를 먹을 때, 가시가 많아 번거롭다면 가시가 없는 부레를 먹을 수도 있고, 흙냄새 때문에 망설여진다면 해수에서 양식한 생선을 택하면 된다. 부치고 굽고 찌고 삶는 등 다양한 조리법으로 많은 가정과 식당의 대표 요리로 자리매김했다. 또한 경단, 분말, 튀김, 통조림, 반건조 등 가공 제품도 다양하다. 정부가 남방정책을 추진하면 타이완 갯농어로 동남아시아와 남아시아 시장을 개척할 수 있지 않냐고 묻는 사람도 있다.

밀크피시 동맹

물론 타이완 외에도 필리핀, 말레이시아, 인도네시아, 베트남, 인도 등에서 갯농어를 양식하고 있으며 인기도 상당하다. 필리핀에서 갯농어 Bangus 는 '국민 생선'으로 불린다. 갯농어의 영어 이름은 밀크피시 Milkfish 다. 육질이 하얗고 단백질이 풍부하기 때문에 '우유생선'이라는 이름이 붙은 듯하다. 그런 이유로 '밀크티 동맹'을 본떠서 '밀크피시 동맹'이 결성되기도 했다.

갯농어 Chanos chanos 는 갯농엇과 Chanidae 의 유일한 속이자 종인데 태평양과 인도양의 열대, 아열대 해역에 분포한다. 동태평양 지역에서는 드문 편이다. 갯농어는 해수와 반염수, 담수에서 모두 살 수 있다. 이빨이 없어서 주로 해조류나 무척추동물을 먹이로 삼기 때문에 '해초어海草魚'로 불리기도 한다. 해안 지역에 어항을 만들어 양식하기에 적합한 어종이다. 그렇다면 갯농어 양식은 언제, 어디서 시작했을까?

유엔식량농업기구 UNFAO 가 인용한 네덜란드 문헌 자료에 따르면, '반염수 양어장 및 제방'(인도네시아어로 Tambak)을 이용한 갯농어(인도네시아어로 Bandeng) 양식은 15세기 이전 인도네시아 자와섬 동부에서 시작된 것으로 보인다. 1400년 자와인의 법률에 '반염수 양어장에서 고기를 훔친 자는 처벌한다'는 조항이 있었기 때문이다. 그러나 필리핀의 문헌에는 13세기에 갯농어 양식을 시작했으며 이후 인도네시아와 태평양의 여러 섬으로 전파되었다는 기록이 있다.

네덜란드 시대 이전부터 존재했던 갯농어 양식

타이완은 언제부터 갯농어를 양식했을까? 일반적으로 17세기 네덜란드인이 인도네시아에서 들여왔다는 설이 많다. 『제일란디아 요새 일지』 제3권과 제4권에는 1644년부터 어업세를 부과하면서 1647년 'Oynij'가 등장했다는 기록이 있다. 주로 타이난 마더우麻豆, 자이嘉義 의주義竹 동부 일대에 많았다고 한다.

　네덜란드어 Oynij는 타이완어의 '운아塭仔'에서 유래했다. 이는 옛날부터 장저우, 차오저우의 해안 지역에서 이뤄지던 반염수 양식법을 말한다. 인도네시아 자와인이 하던 반염수 양식과 같다. 최초이자 가장 간단한 방법은 해변에 벽돌을 둥글게 쌓아 만든 저수지에 물을 채워 양식하는 것이다. 보기에는 석조 어장石滬과 비슷하다. 석조 어장은 조수간만의 차를 이용하여 고기를 잡기 때문에 반드시 적합한 위치를 정해야 한다. 양어장魚塭은 바닷물을 연못으로 끌어오기만 하면 되었기에 꼭 해변에 만들 필요는 없었다. 이렇게 양식 연못에서 '갯농어'를 키웠다는 『제라현지』(1717)의 기록을 통해 네덜란드 시대에 이미 갯농어를 양식했음을 짐작할 수 있다.

　그러나 네덜란드 시대에 이미 갯농어를 양식했다고 해서 네덜란드인이 갯농어를 가져왔다고 볼 수는 없다. 타이완 해역에는 원래부터 갯농어가 살았기 때문이다. 네덜란드인은 타이완을 통치하며 무역 이익을 중시했고 당시 타이난의 경제성 있는 어종은 갯농어가 아닌 숭어나 동갈삼치

평후의 석조 어장

였다. 『제일란디아 요새 일지』에도 어떤 종류든 네덜란드인이 치어를 타이완에 가져왔다는 기록은 없다.

이로부터 유추해보면 타이완은 네덜란드 시대 이전에도 갯농어를 양식했을 가능성이 크다. 만약 타이완의 갯농어 양식이 동남아시아에서 도입되었다면 두 가지 가능성이 있다.

우선 중국인이 가져왔을 수 있다. 16세기 중국에서 해외로 이민을 떠난 민난어계에 속한 장저우, 취안저우, 차오저우 사람들은 '장취안차오 문화권'을 형성했다. 타이완과 동남아시아 사이를 오가며 갯농어 양식을 타이완에 들여왔을 수 있다.

두 번째로 타이완 원주민에 의한 유입이다. 오래전부터 타이완과 동남아시아의 남도어족 원주민은 서로 왕래하며 '남도어족 문화권'을 형성했다. 이 과정에서 갯농어 양식법이 자연스럽게 타이완에 들어왔을 수 있다.

청나라의 타이완 관련 문헌은 '갯농어'를 '마슬목麻虱目'이나 '슬목虱目' 등 여러 이름으로 표기했다. 오늘날 타이완에서 부르는 '스무위虱目魚'의 유래에도 여러 가설이 있다. 주로 타이완의 '싸이무위塞目魚'(눈꺼풀에 지방이 많아 눈을 가리기 때문)나 스페인어의 Sabalo(필리핀어로는 야생의 큰갯농어를 가리킴)에서 유래했다는 가설이 있지만 아직 명확한 결론은 없다.

일본 시대 타이완 문인 렌헝은 『타이완통사』에 이렇게 기록했다. "타이난 연해는 대대로 물고기를 기르며 살았다. 그 고기는 번어番語로 마룽모麻薩末라고 한다." 렌헝이 말한 '번어'는 원주민 언어를 일컫는다.

이들 역사 기록을 종합하면 타이완의 갯농어 양식 역사는 500년 이상이 될 수 있다.

소고기 400년사

과거 농경사회 시기 타이완에서 작물을 재배하고 운반하는 노동활동은 대부분 소에 의지했다. 사람들은 소를 영험한 동물로 여겼는데, 소고기를 먹으면 인과응보를 피할 수 없다고 믿었고 그와 관련된 속담이 오늘날까지 전해지고 있다.

소고기 먹으면 지옥 간다

"돼지는 도망갈 줄은 알지만 죽음은 모른다. 소는 죽음을 알고도 도망가지 않는다." 소는 누군가가 잡으러 와도 울부짖거나 달아나지 않는다. 그저 눈물을 흘릴 뿐이다. 자기가 곧 죽는다는 것을 알기 때문이다.

"소와 개를 먹지 않으면 공명을 떨칠 수 있다. 소와 개를 먹으면 지옥을 피할 수 없다." 중국 역사에서 수많은 영웅호걸이 모두 소고기나 개고기를 먹었으니, 이는 마치 먹지 않고는 천하에 이름을 떨칠 수 없었다는 말처럼 들린다. 그러나 다들 먹었으니 지옥을 피할 수는 없었을 것이다. 먹으면 '지옥을 피할 수 없는' 시대를 거쳐 '훙사오뉴러우몐紅燒牛肉麵'이 유행하는 오늘날에 이르렀다. 자연히 궁금증이 생길 수밖에 없다.

"타이완인은 언제부터 소고기를 먹었을까?"

일설에 의하면 "일본 시대에 일본인의 영향을 받았다"고 한다. 일본은 메이지유신 시기 서구화를 추진하며 소고기를 먹기 시작했고(1837) 그 문화가 타이완에 전해졌다는 주장이다. 또한 "전후 외성인外省人[국공내전 후 중국에서 건너온 중국인]의 영향"이라는 주장도 있다. 중국 출신 이주민들은 소고기를 먹는 식습관을 가져왔을 뿐만 아니라 쓰촨의 매운맛 두반장을 첨가하여 '쓰촨식 홍사오뉴러우몐'을 만들어내기도 했다.

소고기 금기

청나라의 타이완 관련 기록에는 재우료宰牛寮, 우육료牛肉寮, 우육항牛肉巷 등 옛 지명이 등장한다. 타이완에도 종우갱剏牛坑, 종우료剏牛寮, 우조간牛灶間 같은 옛 지명이 존재했다는 사실에서 청나라 시대의 타이완에는 소를 도축하는 직업이 있었다고 볼 수 있다. 믿기 어렵겠지만 청나라 시대에는 법령으로 소 도축을 금지하는 영을 공포했고 관련 비석까지 세웠다. 정부가 도덕적인 측면에서 도축을 금지했지만, 민간에서는 여전히 사적으로 소를 잡았기 때문에 재차 금지령을 내린 것이다.

청나라 동치同治 5년 12월에 '경작용 소의 사적 도축 금지비禁私宰耕牛碑'를 세워 다음과 같은 내용을 공고했다.

"몰래 소를 도축하지 못하도록 했으나 잘 지켜지지 않은 지 오래되었다. 농사를 짓기 위해 소를 사고 농사의 절반 이상을 소에 의지한다. 이에 조정에서 논의한 결과 큰 제사가 아니면 함부로 소를 도축하지 않도록 정했다. 어려운 시절을 극복한 이후 사망자를 기리고 제사를 지내고 나니 남은 소가 몇 마리 되지 않았다. 게다가 도적이 훔쳐서 소굴에 숨기고 한밤중에 사람을 불러 소를 도살하고는 공공연히 거래한다. 도축업자는 부를

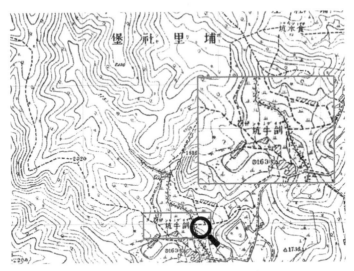

『타이완보도臺灣堡圖』(1898~1904)에 기록된 옛 지명 '종우갱'

축적하고 도적들은 돈을 챙겨 종적을 감추었다."

　청나라의 타이완 관련 문헌에는 19세기 후반, 장화彰化현 위안린員林진과 루강鹿港진 등 지역에서 사적으로 소를 도축했다는 기록이 있다. 예를 들면 "매년 여러 지역에서 무수히 많은 평민이 사적으로 소를 도축했다" "사적으로 도축한 경작용 소가 총 25두였으며 여러 마을에 팔아 식용으로 사용했다" "타이완 경작용 소는 산에 방목하는데 도적이 끌고 가서 도축한 소가 수백 마리 이상이다. 소고기로 포를 떠서 가지고 다녔다" 등의 기록을 볼 수 있다.*

　청나라『평후기략』(1767)과『해동찰기海東札記』(1772) 등에도 관련 내용이 보인다. 해변에서 바다거북이 알을 낳으러 오기를 기다렸다가 "거북의 뒤를 쫓아서 (…) 등을 뒤집어 눕히고는 (…) 껍질을 벗겨 가져갔다. 무 거운 것은 100~200근 정도고 작은 것은 수십 근 정도였다. 소금에 절여 포를 뜨니 맛이 소고기와 같았다. 가격도 비슷했다"라고 기록했다. 당시 소고기만 먹은 게 아니라 바다거북 고기를 소고기 대신 팔기도 했다.

그렇다면 청나라 시대 이전에는 어땠을까? 1661년 정성공이 군사를 이끌고 타이난의 네덜란드인을 공격하던 시기에 군대에서도 소고기를 먹 었다고 한다. 네덜란드와 명정 시대에 타이완에서 중국으로 팔린 절인 고 기는 사슴이 가장 많았지만, 소가죽과 소고기 육포도 있었다. 많은 역사 자료를 바탕으로 유추해보면 타이완에서 소고기를 먹은 역사는 길다. 다 만 겉으로 말하지 못했을 뿐이다.

타이완인의 소고기

일본 시대 초기 식민지 관료였던 사쿠라 마고조佐倉孫三는 타이완 근무 기 간에 한문으로 『타이완잡기臺灣雜記』(1903)를 썼다.

"타이완인은 고기를 먹지만 소고기는 먹지 않는다. 안 먹는 게 아니라 그렇게 말할 따름이다. 소는 사람을 대신하여 밭을 갈고 사당에서 제를 지 낼 때 바치는 제물이니 먹기를 삼간다. 하지만 이상하게도 늙은 소를 버리 는 사람은 보지 못했다. 키우던 소가 도축된다는데 어찌 그 고기를 먹겠는

---

* 타이완 순찰사인 소우렴邵友濂은 장봉張鳳이란 자가 사적으로 도축한 이유를 조사했으며 교 당을 보호하는 지침에 따라 처리했다. 중앙연구원 근대사연구소 『교무교안당敎務敎案檔』 제5집, 광서 18년(1888) 10월 6일.

가. '군자는 부엌을 멀리한다'는 말 또한 이런 사정을 가리키는 것 같다."

사쿠라 마고조의 관찰에 따르면 타이완인은 고기를 좋아했는데 어째서 소고기는 먹지 않았을까? 소는 사람을 대신해 농사를 짓고 공자 사당에 바치는 제물이기도 하니 경외심을 느껴서 먹지 않았을 것이다. 그런데도 의문은 남는다. 왜 버려진 늙은 소는 눈에 띄지 않았을까? 그는 "아마도 소식을 듣고도 차마 먹지는 못했을 것이다. 그저 늙은 소를 다른 사람이 처리하도록 맡길 수밖에 없었을 것"이라고 추측했다.

사쿠라 마고조는 늙은 소의 행방에도 의문을 제기했다. 농부는 대개소를 죽이지 않고 고기도 먹지 않았다. 그러나 사설 도축업자나 판매상이 찾아와 늙거나 병든 소를 팔라고 설득하면 농부가 거절할 수 있었을까? 빈곤한 시대였던 만큼 거절할 수 있는 농부는 거의 없었을 것이다.

어르신들이 하는 말 중에 "농부는 소고기를 먹지 않았다. 늙은 소가 팔려서 끌려가는 모습에 눈물이 흘러내렸다"는 이야기를 들어봤을 것이다.

전통 사회에서 소가죽, 소기름, 소고기는 중요한 정도를 넘어 그야말로 없어서는 안 될 민생물자였다. 가죽으로 가방을 만들고 기름으로 초, 유황 등을 제조했기 때문에 도축업은 꼭 필요한 일이었다.

일본 국적의 교사인 야마네 유조山根勇藏가 1930년 출간한 『타이완민족성백담臺灣民族性百談』에는 타이완의 농부가 경작용 소를 대하는 정경이 등장한다. "농부는 보통 밭에 두 마리의 소를 데리고 간다. 한 마리는 밭을 갈고, 다른 한 마리는 곁에서 풀을 뜯는다. 농부가 보기에 밭을 가는 소가 지쳐 힘들어하면 일본 농부와는 달리 바로 채찍을 들지 않고 자기도 잠시

八七　臺灣人は牛肉を貪はない

フランス人が蝸牛を食ふと聞いて、大抵の日本人は目を丸うするのが常である。若し日本人が田螺を食ふと聞いたら、フランス人はどんな顔をするであらう。蝸牛は臺灣人が露螺（ロオレェ）と言ふ通り、草木に宿る露を吸ひ、木の芽、草の芽を食つて生きて居る。田螺が田蝦（ダンレェ）と言はれて居る通り、泥田に接息して、泥水を呑んで生きて居るに較べると、それこそ霄泥の相違がある。第三者の公平な批評を待つまでもなく、鬭屑は必ず蝸牛に挙るであらう。人は皆自分の屬する種族の生活を標準にしたがる癖があつて、自分等に異なる生活をするものは、どうも不思議に思はれてならないものである。臺灣人が牛肉を食はないからと言つて、何も問題ではあるまい。臺灣人が好んで鼠を食ふからと言つて、何も不思議とするには常るまい。今でこそ問題ではあるまいが、始めて生きた海鼠を食つた祖先を有つて居る日本人は、それこそ驚異に值するものであつたであらう。一部で藥用として食つた事實はあるかも知れないが、先づ食はないものと定めて來た蛙が、それが舶來のブルフロッグであるにしろ、我れ後

『타이완민족성백담』에 실린 '소고기를 먹지 않는 타이완인 이야기'

쉰다. 여전히 소가 움직이려 하지 않으면 쟁기를 풀고 다른 소에게 일을 시킨다."

감동적인 묘사다. 농부가 소를 아끼는 마음 또한 진심이다. 그러나 이 이야기를 읽고 농부가 소를 사랑하여 편한 삶을 누리게 했다고 상상한다면 지나친 미화일지도 모른다. 야마네 유조는 책의 말미에 타이완인은 소고기를 먹지 않았지만 일본에서 수입한 고베 와규는 잘 먹었다고 썼다.

타이완 농업사회와 소는 따로 생각할 수 없을 정도다. 일본 시대에 활동한 조각가 황투수이黃土水는 「물소떼水牛群像」라는 걸작을 남겼다. 전후 시대에 접어들며 소는 무쇠로 만든 소(경운기)에게 자리를 내주었다.

이전 시대에도 타이완에는 소를 먹는 사람이 있었지만 확실히 많지는 않았다. 오늘날까지도 일부 노년층은 소고기를 먹지 않는다. 그렇다면 타이완에서 소고기를 먹는 식습관은 언제부터 시작되었을까? 일본 시대, 타이완에는 이미 서양 식당이 있었으며 메뉴판에서도 소갈비, 소고기찜, 소고기국 등을 볼 수 있었다. 하지만 당시 유행하던 고급 서양 요리는 평범한 서민이 먹기에는 너무 비쌌다.

전후 시대에 이르러 '훙사오뉴러우몐'이 등장했다. 처음에는 평범한 가

て居ないであらうか。今日の臺灣人は、いが、内地移入の神戶肉ならば、態々牛肉料理店に出掛けて行つて、豬牛や水牛の肉こそは食はな好食々々と盛に食つて居るのを、厭々見受けることがある。此うなると、臺灣人が牛肉を食はない。と言ふのも、少々をかしなものである。

『타이완민족성백담』(1903)에 나오는 타이완 농부가 소를 대하는 태도

격의 별미는 아니었지만 그래도 비교적 저렴하게 먹을 수 있는 소고기국수도 있었다. 이때부터 소고기를 먹는 분위기가 조금씩 퍼지기 시작했다.

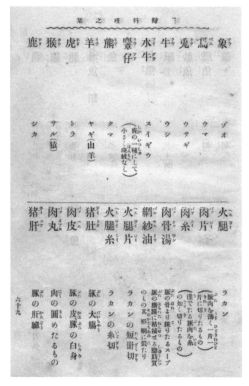

일본 시대 타이완 요리 메뉴판에 나오는 '소고기'와 '물소'

黃牛肉の軟化調理法に就て

衣糧科　宮本　雁員

炎暑も漸次秋冷と相變りました。朝夕が冷え冷えさいたし
ますと自然牛肉の御馳走の話も出て來ます。そんな譯で牛肉の
話題も相應しいものと存じまして黃牛肉の軟化調理法に就て
若干申述べてみたいと存じます。

御承知の樣に牛肉も種々雜多の種類がありますが、本島
らして一番調理のある、そして我々が一番口にする黃牛肉は
硬い硬いと衆人の申す處ですが其原因は氣候又は飼育
の關係上水分の多いこと、老牛で榮養不良なるものを屠殺す
るためではないかと思考されます。然し此の硬質肉も調理法
に依つて或は軟食し得るのではないかとの懸念から上司の命

によりまして之の試驗調理法を試みました結果左記の點が軟
化調理法の重點かと存じますので皆樣方の御参考迄に掲載す
ること‧致しました。

左　記

一、屠殺後の貯藏日數

總て動物性食品は死後直に喫食するよりも或る一定の經過後
調理致しました方が軟いと云ふ事は既に御存知の事と思ひま
すが殊に牛肉に就ては之が最も大切な事であります。
今回の實驗に依りますと死後四日乃至七日迄の肉が最良と
確認致します。貯藏法と致しましては大概は納入者の方で施

타이완 닭의 역사

타이완 닭고기 역사의 시작을 살펴보자. 원주민은 닭을 먹지 않았다.

닭의 꼬리 깃털만을 사랑한 타이완 원주민

진제는 『동번기』(1603)에서 당시 타이완 원주민의 생활 습속을 묘사했다.

"사슴고기를 좋아하는 사람은 사슴의 배를 갈라, 뱃속에서 삼킨 지 오래되지 않은 풀을 꺼냈다. 이 풀을 백초고百草膏라고 한다. 기름과 함께 먹으면 아무리 먹어도 질리지 않았다. 중국인은 이 모습을 보고 구토했다. 원주민은 돼지고기는 먹었지만 닭고기는 먹지 않았다. 닭을 가축으로 키우지만 가두지 않고 자유롭게 풀어두었다. 다만 꼬리 깃털만 뽑아서 깃발을 꾸미는 데 사용했다. 꿩을 사냥하고도 꼬리 깃털만 취할 뿐이다. 한편 원주민은 닭고기나 꿩을 먹는 중국인을 보고 구토하려 했다. 진정한 미식을 이해하는 건 누구인가. 어떻게 모두에게 같은 식성을 요구할 수 있겠는가!"

1603년 겨울 명나라 장수 심유용沈有容은 병사를 이끌고 타이완에 숨은 해적을 공격했다. 푸젠 롄장連江의 문인 진제도 동행했다. 심유용의 함대가 다위안大員(지금의 타이난 안핑)에 정박했고, 진제는 현지 원주민의 생활을 관찰할 수 있었다. 진제는 고향으로 돌아와서 직접 목격한 타이완 서남해안 원주민의 생활을 정리했다. 심유용이 해적 소탕을 위해 파견했던 정보원들이 보고한 자료 등을 더하여 1500자에 이르는 『동번기』를 썼다. 이것은 타이완 원주민의 생활상을 기록한 최초의 중국 문헌이다.

"타이완 원주민은 사슴이나 돼지는 먹지만 닭은 먹지 않는다. 닭이 편 안하게 서식하도록 두면서 닭의 꼬리 깃털을 뽑아서 장식용으로 썼다. 야 생 닭이라 불리는 꿩을 잡아도 깃털만 뽑아 썼다. 특히 수꿩의 꼬리 깃털 은 길어서 눈에 잘 띄고 아름다웠다."

원주민은 사슴에서 뽑은 지방질인 '백초고지百草膏脂'를 생으로 먹었 다. 이 모습을 본 중국인은 구토했다. 반대로 중국인이 닭을 먹는 모습을 본 원주민도 구토했다. 진제는 편견 없는 시선으로 서술했다. "어떤 게 맞 는 것인지 누가 알겠는가? 사람의 입맛이 어찌 다 같겠는가!"

네덜란드 통치 시기(1624~1662), 네덜란드의 문헌에서도 타이완 원 주민이 닭을 먹지 않았다는 기록이 보인다.* 원주민과 중국인이 네덜란 드 사람에게 닭을 주었고 중국인도 펑후나 중국 연해 지역에서 대나무로 닭장을 만들어 타이완으로 운송했다고 한다.

청나라 강희康熙 연간에 황숙경도 『대해사차록』(1722~1724)에서 '낭 교십팔사瑯嶠十八社'(지금의 헝춘恒春반도) 원주민의 생활을 언급했다.

"하루에 세 끼를 먹는데 닭은 먹지 않는다. 전하는 이야기에 따르면 자 신들을 해치려던 붉은털紅毛[서양 사람]을 피해 숨어 있다가 그들이 가지 고 갔던 닭의 울음소리로 그 위치를 파악하여 쫓아가 죽였다. 원주민은 닭

---

* 　장수성江樹生 역주 『제일란디아 요새 일지』 제2권 32쪽.

을 신령한 동물이라 여겨서 먹지 않았다."

'낭교십팔사' 원주민은 파이완족으로 지난날 네덜란드인의 침입을 받았다. 그때 놀란 닭이 울음소리로 어떤 신호를 보냈다고 믿었고 이후 닭을 신처럼 여겨서 먹지 않았다는 것이다.**

그렇다면 타이완의 모든 원주민이 닭을 먹지 않았을까? 물론 단정 지을 수는 없다.

나는 타이완 풍습 탐사 전문가이자 자연문학 작가인 쉬루린徐如林 교수에게 자문을 구했다. "옛 문헌이나 설화 중에 타이완 원주민이 닭을 먹지 않았다는 내용이 있는데, 아마도 제대로 관찰하지 않았기 때문일 것 같다. 일부 원주민은 장식용으로 쓸 아름다운 깃털만을 취했으므로 굳이 닭을 죽일 필요가 없었을 것이다. 원주민이 꿩이나 타이완 산계를 먹었다는 주장도 틀린 말은 아니다. 다만 그 깃털만은 잘 보관했을 것이다."

중국 관리는 타이완 닭을 싫어했다

타이완의 중국인들은 닭을 키우고 먹었다. 네덜란드 시대, 펑후에서는 끊임없이 네덜란드인에게 닭을 공급했다. 그러나 청나라 시대 중국 관리들은 타이완 닭을 싫어했다.

청나라 강희제 시절 주종선周鐘瑄이 쓴 『제라현지』(1717)의 기록을 보자.

** 낭교십팔사는 헝춘반도 남단 컨딩墾丁 국가삼림관광특구의 서딩社頂 촌락으로 옛 명칭은 '구이짜이루龜仔用'다. 관련 언론 보도에 따르면 현지 파이완족 노인들이 '닭을 기르지 않고 닭고기는 더더욱 먹지 않는다'는 가훈을 기억하고 있다고 한다. 훗날 닭고기를 먹기 시작했지만 매년 7, 8월의 풍년을 기원하는 제사에는 닭을 쓰지 않는다.

"내지의 돼지고기와 닭고기는 좋지 않다고 한다. 양고기가 제일이고, 오리고기가 다음이라고 들었다. 나는 믿지 않았지만 북쪽으로 길을 달려 마을에 도착하니 이름 모를 벌레가 무척 많았다. 닭은 무리 지어 벌레를 쪼아 먹었고 날이 갈수록 살이 쪘다. 이 벌레의 독이 닭의 체내에 쌓여 있을 것이므로 먹으면 좋지 않을 것이다. 오리는 물에서 고기와 새우를 배불리 먹었다. '본초'에서 이르기를 양고기가 사람에게 가장 유익하다고 했다. 풀이 풍부한 곳에서 자란 양은 잘 자라서 먹기에 좋다. 돼지고기는 기름지고 기를 가둔다. 타이완 땅은 저지대라 습해서 발이 심하게 붓는 질병을 앓는 사람이 많은데 돼지고기를 많이 먹는 건 좋지 않다."

중국 장시江西성 구이저우貴州 출신인 주종선은 제라현 지현으로 부임하면서 타이완에서는 양고기가 맛있고 오리고기도 괜찮지만, 돼지와 닭은 좋지 않다는 이야기를 들었다. 그는 타이완에 도착한 후 풀과 나무가 무성하고 벌레도 많은 모습을 보며 기이하다고 생각했다. 타이완 원주민은 벌레를 먹고 자란 닭은 체내에 벌레 독이 쌓일 테니 닭고기를 많이 먹으면 좋지 않다고 여겼다. 또한 지대가 낮고 습한 기후 때문에 신장병 환자가 많았다면서, 돼지고기도 많이 먹지 않는 게 좋을 것이라고 적었다.

그러나 오늘날의 관점에서 본다면, 닭이 벌레를 먹는다는 건 야생이나 방목에서나 가능하다. 사실 '유기 사료'를 먹은 닭보다 더 건강하지 않겠는가.

당시 타이완의 중국인에게 닭은 귀중한 보양식품이었다. 특히 고급 미주와 참기름을 넣어 조리하는 '마유지'는 타이완 음식문화의 매력을 담고 있으며 전통 풍속에서도 빼놓을 수 없는 음식이다.

타이완어 속담에 '닭을 키워 애를 낳는다'는 말이 있다. 여성이 임신했을 때 닭을 기르기 시작하여 아이를 낳고는 마유지로 보신한다. 또한 태어난 지 한 달 정도 지난 영아와 성장기의 청소년에게도 마유지를 권한다.

타이완어에서 닭鷄과 집家은 발음이 같다. "닭을 먹으면 집을 일으킨다"는 속담에서도 알 수 있듯이 닭고기는 집안 잔치나 피로연, 이사나 승진 등의 좋은 일을 축하할 때 빠지지 않는 길한 음식이다.

일본인은 원래 닭과 달걀을 먹지 않았다

일본이 타이완을 통치한 시기(1895~1945)에도 타이완 사람들은 닭고기를 먹었다. 메이지 천황이 1870년대에 육식을 허용했기 때문이다. 육식을 계속 금지했다면 타이완인은 아마 닭고기는 물론 심지어 달걀도 먹지 못했을 것이다.

일본은 중국 당나라 시대에 불교를 받아들이며 불교 국가가 되었다. 일본의 텐무 천황은 675년 치어와 가축, 가금류를 먹지 못하게 했다. 오직 사냥한 동물만 먹을 수 있었다. 이어서 살생을 금지하면서 일본 민간에서는 육식이 거의 없어졌다.

일본은 1868년 메이지 유신으로 전면적인 서구화 길에 들어섰다. 서양의 음식 습관을 배우고 육식을 독려하여 1872년부터 소고기를 먹기 시작했다. 이후 육식은 일본 음식문화에서 중요한 위치를 차지하게 된다. 오늘날 '일본 와규'는 세계적으로도 유명한 고급 소고기 요리가 되었으며 일

융러딩永樂町 시장에서 닭을 파는 모습(1939)

본식 닭꼬치 Yakitori 와 닭튀김 Karaage 도 사람들이 많이 찾는 음식이다.

타이완의 닭튀김

전후 타이완의 경제가 발전하고 국민 소득이 늘어나면서 닭고기는 점차
일상 음식이 되었다. 바이잔지白斬鷄[백숙], 옌수이지鹽水鷄[닭고기 채소 무
침], 옌쉰지煙燻鷄[훈제구이], 퉁짜이지桶仔鷄[훈제통닭], 웡짜이지甕仔鷄[훈제
통닭] 등의 닭 요리는 어디서든 쉽게 맛볼 수 있었고, 교외 지역에는 방사
형 양계장을 운영했다.

닭튀김은 오늘날 대표적인 타이완 샤오츠 메뉴로 특히 젊은 층에 인기가 많다. 그러나 역사는 길지 않다. 1990년대 말부터 인기를 끌더니 이제는 샤오츠 시장의 군계일학이 되었다.

1970년대 들어 타이완 본토의 맛을 살린 옌쑤지鹽酥雞[작은 조각으로 튀긴 닭]와 글로벌 치킨 브랜드 KFC를 모방한 TKK 치킨이 등장했다. 1984년 KFC는 맥도널드에 이어 타이완 시장에 진출하여 타이완 치킨 시장을 휩쓸었다.

10여 년이 지나서 타이완에 '지파이鷄排'[넓적한 닭튀김]가 나타났다. 지파이는 타이완에서 그다지 인기가 없던 닭가슴살을 주로 사용했다. 그러나 지파이 점포들은 매우 유연하게 대응하며 다양한 종류의 제품을 선보였다. 주요 상권과 맛집 골목, 야시장 등을 공략하며 '타이완 지파이'를 널리 알렸다.

처음에 지파이는 기름에 튀겼다. 옌쑤지처럼 후춧가루와 고춧가루를 뿌렸다가 점차 김이나 겨잣가루로 다양한 맛을 냈다. 또한 시럽을 바르거나 속에 치즈를 넣기도 했다. 두껍게 썰어 육즙이 흐르는 지파이까지 출시됐다. 기름에 튀긴 지파이 말고도 숯불에 굽거나 오븐에 조리한 지파이도 등장했다. 지파이는 원래 큰 크기를 강조했지만 이후 닭 다리를 이용하여 '지투이파이鷄腿排'라는 이름으로 내놓기도 했다.

언론 보도에 따르면 타이완에는 수만 곳의 크고 작은 점포에서 매일 평균 25만 개의 지파이가 팔린다고 한다. 지파이의 평균 두께는 2센티미터로 이를 쌓으면 5000미터, 타이베이 101타워의 10배에 달하는 높이다.

판매량도 KFC를 크게 앞질렀으며 해외시장에도 진출했다.

　오늘날 타이완식 지파이는 다양한 수식어가 붙는다. 초대형 지파이, 얼굴보다 큰 지파이, 폭탄 지파이, 육즙 팡팡 지파이, 악마의 지파이, 미친 지파이 등 기발한 발상으로 타이완 샤오츠의 혁신에 큰 활력을 불어넣고 있다.

돼지 간 이야기

돼지 간은 타이완에서 신기한 음식이라고 할 수 있다. 일찍이 값비싼 보양식으로 보통 사람들이 먹기에는 부담스러운 음식이었다. 시간이 지나며 잔류 항생제와 높은 콜레스테롤 함량 등의 문제가 알려지며 건강에 나쁘다는 인식이 퍼졌고 가격은 폭락했다. 그러나 그 맛은 여전히 침을 고이게 했고 결국 서민의 별미로 변신했다.

타이완 속담에 "배고픈 개가 돼지 간에서 뼈를 찾는다"는 말이 있다. 중국에서 흔히 말하는 "두꺼비가 백조고기를 먹으려 한다"는 속담과 비슷하다. 돼지 간에 있을 리 없는 뼈를 먹으려 한다는 건 아예 불가능한 일이다. 돼지 간이 사람들의 마음속에서 차지하는 위치를 짐작할 수 있다.

돼지 간은 타이완에서 색깔을 표현하는 단어이기도 했다. 타이완어와 객가어에 모두 돼지 간 색이라는 어휘가 있는데, 이는 검붉은색이나 홍갈색을 가리킨다.

영양식으로서의 돼지 간

타이완 원주민은 사슴이나 멧돼지를 사냥했으며 돼지도 사슴과 마찬가지로 식용으로 이용했다. 보양식으로 돼지 간을 절여서 먹기도 했다.

네덜란드 『제일란디아 요새 일지』에는 요리에 관한 내용이 없다. 그러나 당시 돼지를 잡으려 해도 도축세가 부과되었고 돼지를 잡거나 팔았다

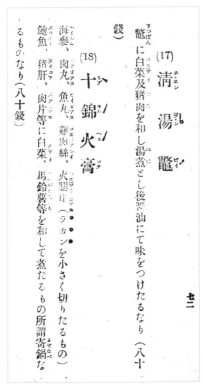

일본인이 쓴 타이완 훠궈 조리법에 돼지 간을 넣는다고 적혀 있다.

는 기록을 통해 돼지 간을 먹었을 것으로 추측할 수 있다.

중의학에서는 돼지 간을 '음식으로도 약으로도 쓸 수 있는' 식품이라고 봤다. 중국 당나라 시대 유명한 의학자인 손사막孫思邈은 『비급천금요방備急千金要方』에 '저간환猪肝丸'의 조제법을 소개했다. 저간환은 돼지 간과 기타 약재를 갈아 꿀을 첨가하여 만든 환약으로 이질에 효과적이라고 기록했다.

송나라 시대 의학자인 왕회은王懷隱이 조서를 받들어 편찬한 『태평성혜방太平聖惠方』에도 '저간환' 조제법이 실려 있다. 푹 삶은 돼지 간을 다른 약재와 섞어서 환으로 만들어서 먹었다. 주로 이질을 앓은 후 비장이 허약해지고 식욕이 부진하며 사지에 힘이 없을 때 먹으면 효과를 볼 수 있다고 했다.

일본 시대 타이완의 유명 한의학漢醫學 월간지 『한문황한의계漢文皇漢醫界』에도 돼지 간으로 안질을 치료할 수 있다는 내용이 보인다. 그 밖에 일본인이 쓴 타이완 요리책에도 돼지 간을 재료로 하는 요리가 언급되어 있고, 훠궈에도 돼지 간을 넣는다는 기록이 있다.*

값비싼 돼지 간

돼지 간은 영양이 풍부하고 철분 함량이 높다. 피에 영양을 공급하는 중요한 음식이지만 가격이 너무 비쌌다. 수술을 마친 환자나 출산한 여성 정도만 먹을 수 있었다. 과거에는 돼지 간을 들고 병문안 가는 풍경을 볼 수 있었다.

1970년 이후 태어난 사람들은 아마도 당시 돼지 간의 가격을 모를 것이다. 돼지고기보다 비싼 건 당연했고, 심할 때는 두 배에 이르기도 했다.

전후 초기, 돼지 간의 가격은 한 근에 240위안이었다. 수십 년의 인플레이션을 거친 오늘날에는 한 근에 100위안을 넘지 않는다. 인터넷에 누군가가 지난날을 회상하는 글을 쓰며 돼지 간 이야기를 했다. 처음 교직을 시작할 때 월급이 700위안이었는데, 절인 돼지 간 세 근을 사려면 300위안을 내야 했다는 사연이었다.

당시 돼지고기를 파는 노점이 따로 있었다. 돼지 간을 들여오면 절반은 예약한 식당이나 면 식당이 가져갔고, 나머지를 소매로 팔았다. 일반 손님들은 아주 소량씩만 살 수 있었고 가끔 아예 빈손으로 돌아가기도 했다.

국어교사 리헝더李恒德의 회고를 보자.

"60년도 더 지난 어릴 때의 일이다. 돼지고기 판매점은 돼지 간을 면

---

* 쇼와 5년(1930) 3월 20일 발행된 『한문황한의계』. 이 월간지는 동양의도회東洋醫道會 타이완 지부가 1928년 창간했으며, 1935년 『동양의약보東洋醫藥報』로 이름을 변경했다.

요리 식당에 납품했고, 아주 적은 양만 소매로 팔았다. 그나마 대부분이 단골손님들 몫이었다. 사고 싶다면 일찌감치 예약해야 했다. 이런 사정을 모르는 사람이 돼지 간이라고 쓴 노점 팻말을 보고 사려 했지만 주인은 어떤 경찰이 맡겨둔 것이라며 팔지 않았다. 경찰의 아내가 자주 들러 매번 세 덩어리씩 사갔다."

타이완 우수농산품발전협회 고문인 류자오훙劉兆宏 또한 돼지 간에 얽힌 이야기를 전했다.

"큰형이 진먼金門섬에서 군 복무를 했는데(1972~1973) 하루는 사단장의 훈화가 아주 길어졌다. 사단장 아내가 아침 일찍 시장에 갔지만 돼지 간을 사지 못했다. 가게 주인에게 들어보니 '네놈들이 돼지 간을 다 사서 831(진먼섬에 설립된 군인 대상 유흥시설)의 아가씨들에게 갖다 바쳤기 때문'이라며 군인들에게 화를 냈다고 했다."*

타이완 남부에는 "아무튼 돼지 간 5자오[0.5위안]어치"라는 말이 있다. 돼지 간이 비싸지만 일단 먼저 사고 본다는 뜻이다. 뒷일은 제쳐놓고 일단 저지르고 보자는 상황을 비유한다. 그러나 여기에는 모순이 있다. 돼지 간이 그렇게 비싸다고 해도 5자오어치만 팔아서 돼지고기 점포는 어떻게 이윤을 남겼을까?

이 말은 어디서 왔을까? 일설에 따르면 타이완 남부의 인색한 부자에

---

* '831'은 국방부가 1952~1990년까지 진먼에 세운 군인 기원妓院으로 정식 명칭은 '군중특약다실軍中特約茶室'이며, 속칭 '팔삼요八三么' '군중낙원軍中樂園' 등으로 불렸다. 전후 초기에 타이완섬에도 이런 시설이 있었는데 1992년에 폐지되었다.

게서 유래했다고 한다. 시장의 돼지고기 가게 주인이 그 부자에게 돈이 많은데도 그렇게까지 아끼는 이유를 묻자, 그는 "됐고, 아무튼 돼지 간 5자 오어치만 주쇼"라며 구두쇠의 본색을 여실히 드러냈다. 이렇게 스스로 웃음거리가 되면서도 돼지 간을 먹으려 한 모습에서 시작됐다는 주장이다.

돼지 간은 풍부한 영양은 차치하더라도 맛 자체가 많은 이에게 사랑을 받았기에 자연스럽게 다채로운 요리가 만들어졌다. 보양식으로 알려진 생강돼지간탕薑絲豬肝湯, 마유돼지간탕麻油豬肝湯 외에도 부치거나 볶아서 또는 찌거나 삶아서도 먹었다.

'단간膽肝'은 이란현의 특산품으로 절임이나 훈연, 건조 등의 방법으로 돼지 간을 가공하거나 조리한 음식이다. 객가인은 절인 음식을 잘 만들기로 유명하여 '객가 돼지담간客家豬膽肝'이라는 음식도 있다.

전통 안주나 반찬으로 간을 오래 고아서 조리한 '관둔肝燉'이 있다. 이 이름은 타이완어에서 간肝과 관官의 발음이 같아서 복을 부르는 요리로 불린다. 간툰은 돼지 간과 잘게 썬 비계, 남방개[수생식물 중 하나], 두부, 달걀 등의 재료를 섞어서 대접에 담아

돼지 간 소시지

약한 불로 오래 끓여 조리한다. 크고 오목한 접시에 대접을 뒤집어서 놓는다. 향기롭고 부드러워 미식가들이 많이 찾는 요리다.

지룽의 한 전문점은 돼지 간과 고기로 '돼지 간 소시지'를 만들어 지금까지도 많은 손님을 모은다. 지룽의 홍짜오 경단에도 돼지 간이 들어가는데 지룽 먀오커우의 별미인 숯불 샌드위치炭烤三明治에도 돼지 간이 들어간다.

돼지 간의 쇠퇴

돼지 간이 타이완 요리에서 차지하는 위상은 1980년대에 정점을 찍은 후 쇠퇴하기 시작했다. 원인은 두 가지로 분석된다.

첫째는 돼지 농가에서 사용한 항생제를 들 수 있다. 간은 해독 작용을 하는 기관으로 잔류 항생제가 암을 유발할 수 있다는 우려가 제기되었다. 관련 보도가 이어지면서 일반 소비자들이 더욱 꺼리도록 부추겼다.

다음으로 돼지 간의 콜레스테롤 함량이 높기 때문이다. 당시 콜레스테롤을 지나치게 섭취해서는 안 된다는 건강 정보가 널리 퍼지면서 사람들이 돼지 간을 멀리했다.

이 두 가지 요인이 상승작용을 하며 돼지 간의 가격은 급격히 내려갔다. 돼지고기보다 훨씬 쌌지만 찾는 사람이 없었다. 결국 많은 정육점에서 돼지고기를 사면 간을 덤으로 줄 정도가 되었다. 돼지 간은 더 이상 귀한 식재료가 아니었고, 샤오츠 점포나 식당에서도 설 자리가 없어졌다. 간툰은 아예 술자리에서 자취를 감췄다.

그러나 여전히 돼지 간 맛을 잊지 못하는 사람도 있었다. 일부 샤오츠 점포에서 돼지 간이 들어간 탕이나 면 요리를 팔았고 가격은 저렴했다. 1990년대 어느 날, 나와 몇몇 친구는 지인의 생일 모임을 위해 양식당을 예약했다. 그런데 그날의 주인공이 양식당 가는 길에 돼지 간 요리를 파는 작은 식당을 지나쳤다. 그 순간 지난 시절의 그 맛에 이끌린 그는 돼지 간을 먹고 나서야 생일 모임 장소로 들어섰다.

돼지 간의 부활

2010년 이후 돼지 간은 기사회생했다. 여기에도 두 가지 원인이 있다.

우선 타이완 돼지 농가에서는 주사나 약품을 쓰지 않은 '건강한 돼지'를 키웠다. 고급 사료나 유기농 사료를 먹여 키운 '브랜드 돼지고기'가 등장하며 항생제 잔류 문제에 대한 우려를 불식시켰다.

또 다수의 연구 자료가 발표되며 식품 내 콜레스테롤이 혈중 콜레스테롤 농도에 영향을 미치지 않는다는 사실이 알려졌다. 미국의 「식생활 지침Dietary Guidelines」에서도 더 이상 콜레스테롤 섭취량을 제한하지 않으며 돼지 간에 대한 인식도 과거와 달라졌다.

오늘날 일부 영양학자는 오히려 적당한 양의 돼지 간을 섭취해야 한다고 주장한다. 하지만 돼지 간을 살 때 주의할 점이 있다. 품질 구분이다. 모든 돼지의 간 상태가 건강하지는 않으며, 정육점에 매일 들어오는 돼지 간의 상태가 일정하지 않기 때문이다.

정육점에서 파는 돼지 간은 전통적으로 차이간柴肝과 펀간粉肝으로 나눌 수 있다. 차이간은 간경화 병변의 흔적이 있는 간으로 색깔이 어둡고,

먹으면 푸석푸석하다. 편간은 지방 함량이 평균이거나 다소 많은 건강한 간이다. 색깔이 연하며 식감이 부드럽다.*

---

* 일본 시대 『대일대사전』(1932)에는 차이간과 편간이 수록되었다. 타이완어에서 펀粉은 육질이 부드럽고 색깔이 연하다는 뜻이다.

루러우판과 돼지 친구들

타이완이 발명한 루러우판은 돼지 껍질을 삶아서 만든 서민 음식이다. 쓸모없는 것을 유용하게 활용한 타이완 음식문화의 지혜가 담긴 음식이기도 하다.

　　루러우판과 돼지 친구란, 쿵러우판, 즈가오판, 주자오판 등이다. 맛과 영양을 다 갖추었고 마음과 몸을 따뜻하게 만족시키며 타이완 사람들에게 생활의 열정과 일할 수 있는 열량을 제공한다.

루러우판

루러우판滷肉飯은 '魯肉飯'으로 쓰기도 한다. '루魯'가 산둥성의 약칭이라 이 음식을 산둥 요리로 오해하는 경우가 많은 만큼 올바른 표기인 '滷'로 통일해야 한다는 주장이 일기도 했다. 그러나 민간에서는 꼭 한 가지 의견만 있는 것은 아니다. 타이완 최대의 루러우판 전문점인 '후쉬장루러우판鬍鬚張魯肉飯'은 여전히 '魯'자를 쓰고 있다.

　　사실 '滷'의 어원은 '鹵'다.『설문해자』에는 '鹵'만 기록되어 있다.『강희자전』은『광운廣韻』을 인용하여 滷와 鹵는 같다고 했다. 고대 중국에서는 鹵와 魯는 서로 뜻이 통하며 모두 쓸 수 있지만 성씨와 산둥성의 약칭, 주나라 제후국 등을 칭할 때 쓰는 魯의 본래 뜻과는 관계가 없다고 했다.*

　　루러우판은 언제 등장했을까? 청나라 시대와 일본 시대에 편찬된 민난어 사전을 보면 '루러우'는 간장으로 양념한 돼지고기를 가리키지만 '루러우판'이란 단어는 없었다. 역사 문헌에도 기록이 없어서 아마도 전후 시대에 이르러서야 등장했다고 추측할 뿐이다.

루러우판의 기원 중 하나를 소개하면 이렇다. 전후 빈곤한 시대에는 돼지고기도 사 먹기 힘든 사람이 많았다. 이들은 정육점에서 고기를 썰고 남은 껍데기, 비계, 고기 부스러기 등을 얻어와 다진 후에 간장이나 파 등으로 만든 양념에 재워 먹었다고 한다. 이렇게 양념한 고기滷肉의 국물만으로도 밥과 너무 잘 어울렸다고 한다. 이런 관점에서 보면 루러우판은 가난한 집에서도 편히 조리할 수 있는 간단한 요리였다. 샤오츠 점포는 이를 개량하여 맛 좋은 루러우판으로 만들었고, 전후 타이완의 샤오츠 시장도 크게 발전할 수 있었다.

맛있는 루러우판을 만들기 위해 꼭 비싼 부위를 써야 하는 건 아니다. 고기도 기계보다는 손으로 썰고 껍질과 비계, 살코기가 함께 있으면 더 좋다. 가장 중요한 건 양념, 불의 세기, 조리 시간이다. 특히 주의할 점은 쫀득하지만 느끼해서는 안 된다는 사실이다. 이렇듯 간단해 보이지만 식당마다 자기만의 비법이 있어야만 루러우판 맛집으로 이름을 알릴 수 있다.

오래전부터 루러우판에 잘 어울리는 반찬이 있었는데, 그것은 입안을

---

* 『대일대사전』(1931)과 『샤먼영어대사전』(1873)에는 鹵와 鹵肉이 수록되어 있다. 그러나 鹵는 성조에 따라 짠맛이 덜한 소금을 뜻하기도 한다.
중국 고대에는 鹵와 魯는 뜻이 서로 통했다. '함부로 하다'는 의미의 '魯莽'은 '鹵莽'으로 썼고, 우둔하다는 뜻의 '魯鈍' 또한 '鹵鈍'으로도 썼다. 鹵는 '사로잡을 노虜'와도 통해서 '擄獲'[노획하다]는 '鹵獲'로 쓰기도 했다.

상큼하게 해주는 노란 물을 들인 '무'
다. 타이완에서는 '다쿠앙Takuan'[단무
지]이라 불렸는데 언젠가부터 많은 식
당에서 찾기 힘들어졌다.

다쿠앙은 일본어 이름으로, 정식
명칭은 다쿠앙주케Takuan-zuke다. 일본
에서는 전통적으로 흰 무를 소금과 쌀

다쿠앙

겨에 절여서 만든다. 전하는 바로는 에도 시대 초기 린자이지臨濟宗의 다이
토쿠사大德寺 고승인 다쿠안 소호澤庵宗彭(1573~1646)가 만들었다고 한다.
다쿠안 대사는 일본의 역사 인물로 소설 『미야모토 무사시宮本武藏』에서
주인공을 일깨운 사부로 묘사되기도 했다.

무를 소금, 설탕, 식초에 절이는 다쿠앙은 강황이나 황치자로 색을 내
는 방식으로 변형되었고 때로는 식용색소를 사용하기도 한다. 선명한 노
란색에 달고 시고 아삭한 식감으로 루러우판의 단짝이 되었다.

이랬던 다쿠앙이 어째서 루러우판 식당에서 사라졌을까? 아마도 많
은 사람이 화학 색소로 색을 냈거나 심한 경우 방부제가 들어갔다고 여겨
점차 꺼렸기 때문으로 보인다. 어떤 손님은 아예 바닥에 버리기도 하여 식
당 입장에서는 곤란한 상황에 부닥쳤다. 이후 정부는 식용색소에 관한 관
리 규정을 마련했다.

타이완을 방문하는 일본인 여행객 중에는 루러우판을 좋아하는 사람
이 많다. 최근 일본에도 '타이완 루러우판'이라는 이름을 내건 음식이 등

장했다. 2016년 유명 브랜드 '무인양품'은 타이완 루러우판 밀키트를 출시했다. 겉면에 일본어와 한문을 조합한 이름인 '루로반'과 'LUROUFAN'이라는 제품명이 보이고 '타이완 가정식'이라 소개했다. 2017년 일본의 최대 편의점 가맹점인 패밀리마트가 '루러우판 삼각김밥'을 출시했고, 2020년에는 세븐일레븐이 '루러우판 도시락'을 선보였다. 일본의 주부들 역시 유튜브로 조리법을 보면서 가정에서 루러우판 도시락을 만들기도 한다.

루러우판과 러우짜오판, 러우자오판은 무엇이 다른가?

북부의 루러우판과 남부의 러우짜오판肉燥飯은 이름만큼이나 겉모습과 내용물이 다르다.

러우짜오판의 '러우짜오肉燥'[다진고기 볶음]는 고기와 새우를 함께 삶는 타이난 단짜이몐擔仔麵에 들어가는 '러우짜오'와는 다르다.

루러우판의 고기는 보통 껍질, 비계, 살코기가 있으며 전통적으로 손으로 썰기 때문에 어떤 고기는 작고 어떤 것은 부스러지기도 한다. 혹자는 삼겹살을 껍질, 비계, 살코기가 한눈에 보이도록 썰어야 고급 루러우판이라고 주장하기도 한다.

러우짜오판의 고기는 살코기는 거의 없이 주로 껍질과 비계를 큼직하게 썬다. 타이난의 러우짜오판은 돼지 등살을 사용한다. 타이완어로 '지닝膩瓟'[비계], '바닝肉瓟'[살코기]이라 부르고, 상대적으로 저렴하지만 고기는 두껍고 쫄깃하며 콜라겐이 풍부하다. 또한 자색 양파는 루러우판의 중요

타이난의 러우짜오판은 고기가 크다.

루러우판

한 재료인 반면 러우짜오판에는 꼭 필요하지 않다. 타이중에는 러우자오판肉角飯이 있는데 러우짜오판과 비교하면 껍질과 비계 외에 살코기가 추가됐다.

결국 루러우판이든 러우짜오판이든 아니면 러우자오판이든 또는 돼지의 어떤 부위를 사용하든, 일부에서는 값비싼 부위로 알려진 비계가 있는 턱살을 쓰기도 하지만, 맛의 핵심은 어떻게 조리하느냐에 달려 있다. 그래서 "강호의 비기祕技는 아내에게도 말하지 않는다"는 말이 생겼다. 사실 모든 타이완인의 마음속에는 저마다의 루러우판이 있다. 그러니 비교할 필요도 없고 생각했던 맛과 다르다고 해서 기분이 상할 이유도 없다.

훙러우판

훙러우판燜肉飯은 쾅러우판爌肉飯으로 표기하기도 한다. 교육부의 『타이완 민난어상용어휘사전』은 컹러우판炕肉飯으로 표기했다. 타이완어의 컹炕은 약한 불로 오래 익혀 재료를 연하게 만드는 조리법을 말한다.

훙러우판으로 유명한 장화현은 '장화 훙러우판의 날' 행사를 열기도 했다. 훙러우판의 고기는 대부분 삼겹살을 사용하지만 장화에서는 뒷다리 위쪽 부위를 쓴다. 족발이라 부르기도 하지만 정확하게 표현하자면 돼지 족발의 위쪽에 있는 껍질을 포함한 뒷다리 고기다.

간장, 설탕, 미주, 향료 등과 함께 삼겹살을 오래 삶아야 훙러우판이 만들어진다. 많은 식당에서 삼겹살을 루러우판의 고기 위에 두고 함께 졸이면서 익힌다. 흰쌀밥 위에 루러우 양념을 얹은 다음 연한 삼겹살을 올리면 루러우판과 훙러우판이 합쳐진 음식이 된다.

즈가오판

즈가오판知高飯은 훙러우판과 마찬가지로 루러우판보다 고급한 음식이라 할 수 있다. 그러나 어떤 부위를 사용하는지 아는 사람은 얼마나 될까? 어째서 '즈가오知高'라고 불리게 되었으며 타이완어로 '돼지형'을 뜻하는 '주거猪哥'와는 어떤 관계가 있을까?

다소 고상하게 들리는 '즈가오'가 '주거'에서 변형된 사례는 분명히 있다. 청나라 『단수이청지』를 보면 건륭제 시기에 일어난 '임상문林爽文의 난'(1787)을 서술한 내용에 '장화주거좡彰化猪哥莊'이라는 지명이 등장한다. 당시 장화는 지금의 타이중을 포함하는 지역이었다. '주거좡猪哥莊'은 지금의 타이중시 난둔南屯구 원산文山리의 옛 이름이다. '주거'라는 지명은 '첸주거牽猪哥'(수퇘지를 끌고 여러 마을을 돌며 암퇘지와 교배시키는 일) 업자들이 이곳에 살면서 생긴 이름이다.

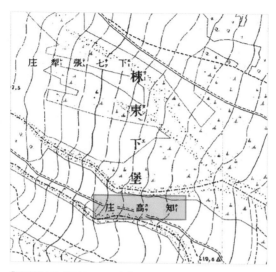

『타이완보도』(1898~1904)에는 이미 즈가오로 변경되었다.

　'주거'의 어감이 좋지 않아서 청나라 말기 '즈가오'로 개칭했다는 이야기도 전해진다. 당시 문인이나 선비는 이렇게 지명을 바꾸는 것을 좋아했다고 한다. 타이중의 우치강梧棲港 또한 '우차五叉' 수로에서 바뀐 지명이다. 그 외에도 묘비에 '모공 즈가오某公知高' 또는 '모공 즈가오某公智高'라고 쓴 옛 무덤을 볼 수 있는데, 이 또한 돼지형이라는 비하의 뜻을 가진 '주거'를 순화한 것이다.

　개칭의 증거는 여러 문헌에 남아 있다. 청나라 『묘율현지苗栗縣志』(1895)에는 '즈가오좡知高莊은 현의 서남쪽에서 50리 떨어진 곳'이라는 기록이 있다. 일본 시대 『타이완보도臺灣堡圖』(1904)에도 청나라 말기의 옛 지명인 '즈가오좡知高庄'이 보인다.

투이쿠

즈가오판에 사용하는 돼지고기 부위는 '투이쿠腿庫'라 불리는 뒷다리
인데 '쿠庫'는 무슨 뜻일까?

일본 시대 『대일대사전』(1932)에 수록된 '투이쿠'는 돼지, 물소 등의
연한 다리 가죽을 뜻했다. 그렇다! 돼지 다리는 확실히 헐렁한 바지처럼
보이긴 한다. 투이쿠는 마땅히 '투이쿠腿褲'['쿠褲'는 바지를 뜻하며 발음이 庫
와 같다]라고 해야 정확한 이름이 될 것이다. 또한 넓적다리를 뜻하는 '구
股'를 써서 '주구猪股'라고 칭할 수도 있다. 타이완어에는 없는 말이긴 하지
만 '즈가고'와 발음이 비슷하다.

뒷다릿살은 삼겹살에 비해 껍질이 두껍고 살코기가 많은 대신 지방이
적어서 인기가 많다.

주자오판

주자오猪脚[족발]는 넓게 보면 돼지의 네 다리를 뜻한다. 돼지 다리인 주투이猪腿와 구분하자면 다리 아랫부위인 족발이나 사태 부위를 가리킨다. 껍질이 많고 뼈가 있어 살은 적지만 지방이 거의 없어 찾는 사람이 많다.

돼지 다리의 중간 부위를 타이완어로는 '중구中箍' 또는 '쓰뎬아四點仔'라고 부른다. 가로로 자른 단면에 드러나는 네 개의 뼈가 점처럼 보이기 때문이다. 다리의 가운데 부위로 인기가 많고 가격도 가장 비싸다.

어쨌든 즈가오판 전문점에서는 족발猪脚을 찾지 않기를 바란다.

주터우판

타이완에는 타이난 옌수이와 신잉新營 지역의 특산인 주터우판猪頭飯도 있다. 이름만 보고 밥 위에 놓인 돼지머리를 상상해서는 안 된다.

전통적인 주터우판 조리법은 우선 돼지머리를 입, 혀, 머릿살, 귀 등의 부위로 나눠 써는 것으로 시작한다. 큰 솥에 물을 넣고 부드러워질 때까지 삶은 다음 고기를 건진다. 이어서 깨끗하게 씻은 쌀을 솥에 넣어 밥을 짓는다. 간단히 말하자면 주터우판은 돼지머리를 곤 국물로 지은 밥을 가리킨다. 전통적인 돼지고기 육수는 두 종류가 있다. 다리뼈를 곤 맑은 탕과 머리뼈를 곤 걸쭉한 탕이다. 민간에서는 머리뼈를 곤 국물은 약간 쓴맛이 난다고 한다.

멥쌀은 찹쌀에 비해 찰기가 적어 식감이 딱딱하고 푸석하다. 타이완의 대표 멥쌀인 재래미는 타이완 최초의 쌀밥이기도 하다. 주터우판은 노란색을 띠며 향이 강하고 밥알 하나하나가 또렷이 보인다. 돼지입, 혀, 머릿고기, 귀 등을 양념장에 찍어 먹는다면 주터우판의 맛을 한층 살리는 조합이 완성된다.

피망은 왜 '다이동아'라고 불릴까?

가지과 고추속^{Capsicum} 식물은 두 개의 종으로 나뉜다. 하나는 매운맛의 고추辣椒고 다른 하나는 상대적으로 덜 매운 피망이다. 피망은 크지만 맵지 않아 채소처럼 먹을 수 있으며 파프리카라고 불리기도 한다. 피망은 타이완에서 흔한 단고추 품종으로 그 색깔 때문에 '청초靑椒'라는 이름이 붙었다.

타이완인이 피망을 먹은 지는 이미 수십 년이 지났다. 1년 사계절 수확할 수 있고 가격도 저렴하여 많은 사람이 채소처럼 찾는다. '피망소고기볶음밥靑椒牛肉炒飯'은 처음 등장하자마자 동네 식당의 인기 메뉴가 되었다.

피망은 '다이동아'라고도 한다.

피망보다 유명한 다이동아

타이완어에서 외래 고추는 '판장番薑', 피망은 '칭판장짜이青番薑仔' 또는 '다리판장짜이大粒番薑仔' 등으로 표기했다. 하지만 시중에서 가장 흔한 피망의 명칭은 '다이동아大同仔'다. 교육부의 『타이완민난어상용어휘사전』에도 수록될 만큼 널리 쓰이는 이름이지만 그 유래는 꽤 오랫동안 수수께끼로 남아 있다.

'다퉁大同'은 '대동사회' 등에 쓰이는 단어로 모두가 평화롭게 이익을 나누는 세상을 가리킨다. 그런 단어가 어째서 채소의 일종인 피망의 별칭이 되었을까?

달리 이해할 방법이 없다보니 혹자는 피망의 생김새로 유추하기도 한다. 다퉁大同이 큰 통을 뜻하는 다퉁大筒에서 유래했다는 주장이다. 실제로 피망을 '大筒仔'로 쓰기도 한다. '筒'은 가운데가 비어 있는 원통형 물건을 가리킨다. 연기를 빼는 연통이 대표적이다. 또한 주사기 통이나 링거를 가리키기도 하여 주사 한 통은 주사를 맞는다는 의미로 쓰인다. '다퉁을 걸다'는 말은 수액 링거를 맞는다는 뜻이기도 하다.

또한 다퉁의 유래는 '모두大가 같은同 품종을 심었기 때문'이라는 가설도 있지만, 말 그대로 문자를 보고 의미를 꿰맞춘 근거 없는 주장에 가깝다.

피망과 다퉁 농장

2020년 나는 책을 감수하던 친구인 나쩌那澤에게서 당시 가장 설득력 있는 가설을 들었다. 피망은 핑둥의 다퉁 농장에서 처음 재배되었고 화물차

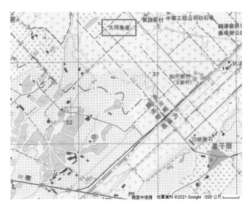

1985년 지형도에 표시된 다퉁 농장

로 청과물 시장으로 운송되었다. 기사들은 어떤 채소를 운송하는지 질문을 받고는 했다. 그들은 상자에 인쇄된 '다퉁농장大同農場'이라는 글자를 보고 타이완어 방언인 '다이동아!'라고 대답했다. 그렇게 시간이 흘러 '다이동아'는 피망의 타이완어 별칭이 되었다.

고추를 일컫는 '다이동'이 '다퉁농장'에서 유래했을 수도 있다!

전후 국민당 정부는 전역 장병을 위해 핑둥현 창즈長治향 아이랴오隘寮에 '다퉁농장'을 세웠다. 1960년에는 '핑둥다퉁합작농장'과 '핑둥농장'으로 이름을 바꿨다. 어째서 농장 이름에 다퉁이라는 단어를 썼을까. 전후 국민당 정부가 정치 선전활동을 하며 사유四維, 팔덕八德, 부흥復興, 대동大同 같은 표현을 사용한 데서 답을 찾을 수 있다.

피망은 언제 타이완에 들어왔을까? 왕리양王禮陽의 『타이완의 과일과 채소臺灣果菜誌』(1994)에 따르면 피망 재배는 1950년대에 시작되었다. 초기에는 비린내가 났지만 개량을 거듭하며 빠르게 시장에 자리 잡았다.*

피망은 어떻게 타이완에 들어왔을까? 추측건대 전후 미국의 중국원조법China Aid Act에 의해 설립된 '농부회農復會(중국농촌부흥연합위원회)'가 큰 역할을 한 것으로 보인다. 농부회는 1950~1960년대에 자금과 인력, 기술을 지원하며 여러 품종의 농작물과 가축을 도입하고 개량하는 등 타이완 농업 발전에 이바지했다. 타이완 농작물 및 가축 품종의 도입과 개량은 국가 주도로 이루어졌다. 처음은 일본 시대였으며 두 번째는 전후 타이완과 미국의 합작으로 설립된 농부회가 미래 농업 발전에 큰 역할을 했다.

다퉁농장의 전신은 일본 시대의 아이랴오隘寮 전쟁 포로수용소다. 당시 '핑둥 포로감시소'로 불리던 시절 전쟁 포로들은 아이랴오 하천을 치우며 자갈을 모았고 밭을 개간하여 고구마를 재배했다. 제2차 세계대전 말기(1942~1945)에 일본은 타이완에 10여 곳의 포로수용소를 운영했다. 전쟁 포로는 연합국인 미국과 영연방의 군인이 대부분이었다.

다퉁농장에서 피망을 재배했다는 사실을 알려준 나쩌는 1994년에 한 어르신에게 이와 관련된 이야기를 들었다고 했다. 그는 과거 일본군 소속으로 '핑둥 포로수용소'에서 간수로 복무했다.

피망이 최초로 재배된 곳은 다퉁농장이었을까? '다이동아'라는 이름은 정말로 다퉁농장에서 유래했을까? 내가 모은 자료에서는 직접적인 증거를 찾지 못했지만 어쨌든 '구술 역사'에서 가능성 있는 답을 찾은 듯하다.

---

* 파프리카는 1990년대 네덜란드에서 수입한 품종이다. 과육이 피망보다 두껍고 맛이 달아 샐러드용으로 쓰인다.

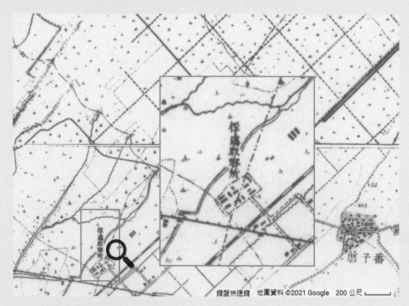

1944년 지도상의 포로수용소

린뤄麟洛향 아이라오 전쟁 포로수용소 기념비

생선 통조림 소사

인류는 매우 오래전에 식품을 소금에 절이고 훈제하고, 햇볕에 말리는
방식으로 보관하는 방법을 터득했고 지금도 더 나은 방법을 찾고 있다.
19세기 초에 이르러 삶고 소독하여 밀봉하는 방식으로 식품을 보존하는
통조림을 발명했다. 처음에는 군수품으로 사용되었고 19세기 중반 여러
종류의 통조림이 민간에 널리 퍼졌다.

영국은 1812년 세계 최초로 통조림 공장을 세웠고 생선 통조림을 탄
생시키며 인류가 생선을 먹는 방식에 변화를 가져왔다.

왜 타이완 노인들은 생선 통조림을 연어라고 부르는가?

타이완에는 1860년 개항한 이후 유럽과 미국에서 생산한 생선 통조림이
들어왔다. 당시 타이완에 있던 영국, 독일, 미국 상점을 통해 수입되었으
며 연어와 정어리 통조림이 가장 흔했다.

유럽에서 많이 나는 '대서양 연어'는 영어로 Salmon이라 한다. 당시
영중, 중영, 영어 - 광둥어 자전에 따르면 Salmon은 '마유위馬友魚' '거우투
위狗吐魚'로 번역했다. 혹은 '싼원위三文魚' '산완위衫挽魚' 등으로 음역하기도
했는데, 영국의 식민지였던 홍콩과 샤먼, 타이난(안핑), 가오슝(다거우) 등
의 항구도시에서 사용되었다. 이후 홍콩에서는 오늘날까지 '싼원위'로 부
른다.*

```
t'au tang wuh chi ch'ing.
Salmon, salmo, 狗吐魚 'kau t'ò' ͺü. Kau t'ú yú;
ditto, osmerus (?), 錦鱗鰡 'kam ͺlun ͺchui. Kin
lin chui; smoked ditto, 烟狗吐魚 ͺin 'kau t'ò'
   ͺü. Yen kau t'ú yú; salmon fish, 馬友 (?)
'má 'yau. Má yú, 馬母 (?) 'má 'mò. Má mú;
salmon-leap, 魚梁 ͺü ͺléung. Yú liáng.
```

『영화자전英華字典』(1872). 네 번째 행을 보면, 연어를 '개가 토한 물고기'라는 뜻의 '거우투위狗吐魚'로 번역했다.

청나라 말기까지 타이완인은 연어를 본 적이 없었다. 그러나 타이완 최초의 통조림은 연어 통조림이며 중국어인 '싼원위'라고 번역했다.

청나라 말기부터 일본 시대 혹은 전후 시대까지 싼원위는 타이완에서 생선 통조림의 대명사였다. 일본 시대에 타이완은 일본 홋카이도에서 홍연어를 수입했다. 그러나 소금에 절인 채 들여왔으며 싼원위가 아닌 '절인 연어鹹鮭魚'라고 불렀다.

오늘날 타이완에서 생산하는 생선 통조림은 대부분 고등어, 가다랑어, 다랑어 등인데 노인들은 여전히 연어를 뜻하는 '싼원위'라고 부른다.

---

* 중국에는 연어가 없었다. 연어를 뜻하는 '규鮭'는 원래 복어를 일컫는 단어였다. 일본에서는 '鮭' 자를 차용하여 홋카이도에서 많이 잡히는 홍연어를 지칭했다. 1917년 중국 학자 두야취안杜亞泉은 『동물학대사전』에서 연어를 일본 한자 '鮭'로 번역했다. 일본 시대의 타이완에서도 일본 한자 '鮭'의 용법을 따랐다.
당시 Salmon은 홍콩에서도 '마유위'로 번역되었다. 그러나 오늘날 마유위는 홍콩에서는 '네날가지四指馬鮁'를 뜻한다. 이 두 종류의 물고기가 외관상 비슷하기 때문일 수도 있다. 네날가지는 타이완에서는 '우위午魚'로 불린다.

일본 시대의 통조림

타이완은 해산물이 다양하고 풍부한 섬이다. 특히 구로시오 해류에는 고등엇과(고등어, 가다랑어, 삼치, 다랑어 등) 생선과 돛새치 등이 대량 서식하고 있다.

타이완은 일본 시대에 수산업이 시작됐고 일본인들은 수산 교육을 도입했다. 일본 시대 중반 이후 일곱 곳의 수산학교가 앞다투어 설립되며 일본의 전문가들이 많은 수산업 지식과 가공 기술을 전수했다. 당시 타이완에도 생선 통조림 공장이 세워졌고, 수산학교들은 여러 가지 생선 통조림을 시험하고 개발할 수 있었다.*

당시 지룽은 가다랑어 통조림을 대량 생산했으며 상어고기로 완자 통조림을 만들기도 했다. 가오슝은 주로 다랑어 통조림을 생산했다.

다음은 여러 수산학교에서 시험 개발한 다양한 생선 통조림 종류들이다.

·**둥강 수산학교**: 고등어 통조림, 돛새치 통조림

·**펑후 수산학교**: 도미 두장 통조림, 가다랑어 통조림, 정어리 케첩 통조림

·**안핑 수산학교**: 훈제 갯농어 통조림

---

* 우원싱吳文星, 『일본통치시대 타이완의 수산교육: 교사 자질 분석을 중심으로』, 국사관관간 國史館館刊 제41기(2014년 9월), 43~75쪽.

케첩고등어 통조림 색깔, 빨간색과 노란색의 차이는?

전후 타이완에서 만든 케첩다랑어 또는 케첩고등어 통조림은 맛이 좋고 가격이 저렴하여 선물용으로 찾는 사람이 많았다.

오늘날 케첩고등어 통조림을 생산하는 싼싱三興, 퉁룽同榮, 하오마마好媽媽, 라오촨장老船長 등 기업들은 모두 노란색과 빨간색 두 종류의 제품을 선보이고 있다. 자세히 보면 겉에 표시한 내용물에는 아무 차이가 없고 가격도 같다. 노란색과 빨간색 통조림이 완전히 같다면 굳이 두 가지로 만들 필요가 있을까? 호기심을 자극하는 꽤 오래된 수수께끼다. 여러 의견이 떠돌지만 모두 추측뿐이었다.

나는 이란현 남부의 아오위 항구에 있는 싼싱 본점을 방문하여 답을 얻었다.

초창기 케첩고등어 통조림 중 노란색은 고등어, 빨간색은 가다랑어 통조림이었다. 가다랑어는 가격이 다소 저렴했다. 또한 빨간색이라 인사용 선물로도 적당하여 특히 타오주먀오桃竹苗[타이완 서북부의 타오위안시, 신주시, 신주현, 먀오리苗栗현 등의 총칭]의 객가 지구에서는 최고의 인기 상품이었다.

이후 가다랑어 어획량이 줄어들자 고등어 통조림만 생산할 수밖에 없었다. 상황이 이러니 빨간색 깡통(가다랑어 통조림)을 사용해서는 안 되지만, 타오주먀오 지역에서는 이미 빨간색 통조림이 당연시되어 고등어 통조림에도 빨간색 깡통을 계속 사용했다. 하지만 중남부 및 동부 지역에서는 노란색을 계속 쓰고 있고, 여러 지역 출신 이주민이 많은 북부 지역에

현재 케첩고등어 통조림은 노란색과 빨간색 두 종류다.

서는 노란색과 빨간색을 모두 볼 수 있다.

어쨌든 노란색과 빨간색 통조림은 모두 내용물이 같으니 주변에 알려주기 바란다.

참치 통조림은 왜 바다의 치킨으로 불리는가?

참치 통조림은 타이완의 인기 상품으로 바다의 치킨으로도 불린다. 어째서 생선을 닭에 비유했을까?

타이완의 통조림 브랜드 중에 '훙잉뱌오 바다치킨紅鷹牌海底鷄'이 있었다. 1978년 이란현 둥산冬山향의 휘바오活寶 기업이 출시한 제품이다. 1982년 휘바오는 지금은 고인이 된 스타 희극배우인 스쑹石松과 거샤오바오葛小寶를 모델로 참치 통조림 광고를 촬영했다. 거샤오바오가 "이건 닭고기가 아니야!" 하면 스쑹이 "닭보다 맛있잖아!"라고 말하는 내용이었다. 참치 통조림은 '바다의 치킨'이라는 이름처럼 닭고기 같은 색깔과 식감을 강조했다. 사실 이는 일본과 미국에서 먼저 등장한 이미지였다.

일본 시즈오카靜岡는 참치 통조림이 처음 생겨난 곳이다. 일본의 통조림 대기업 '하고로모羽衣'가 1931년 창업한 지역이기도 하다. 하고로모는 '날개옷'을 뜻하며 시즈오카시 시미즈구 미호 반도의 '날개옷 전설'에서 회사 이름을 지었다.* 1958년 하고로모는 '씨치킨'을 상표로 등록했다.

씨치킨의 개념은 미국에서 만들어졌다. 1914년 프랭크 밴 캠프Frank Van Camp가 '캘리포니아 참치 통조림'을 매입하여 '밴 캠프 씨푸드 컴퍼니'로 이름을 변경하면서 '바다의 치킨'이라는 개념으로 참치 통조림의 맛을 이미지화했다. 결과는 대성공이었고 이를 계기로 사명도 바꾸었다.

참치 통조림 논쟁

2018년 11월, 위생복리부 식품의약물관리서는 가다랑어를 사용했어도 '참치 통조림'이라고 표기할 수 있으며 이는 국제적인 관례라고 발표했다. 다랑어의 영문 명칭은 Tuna이며 가다랑어는 Skipjack Tuna 또는 Striped Tuna다. 때에 따라 가다랑어도 간단하게 Tuna라고 부른다.** 식품의약

---

* '날개옷 전설'에 따르면, 미호 반도의 어부가 소나무에 걸린 아름다운 옷을 보고는 가져가려고 하자 하늘에서 한 선녀가 내려와 말했다. "이것은 내 옷이니 돌려주세요." 어부가 돌려주지 않자 선녀는 울면서 "이 옷을 입지 않으면 하늘로 돌아갈 수 없어요!"라고 호소했다. 어부는 천상의 무도를 보고 싶다면서 선녀에게 춤을 보여준다면 옷을 돌려주겠다고 했다. 선녀는 옷을 입고 춤을 추었고 점점 높이 올라가더니 결국 멀리 후지산으로 사라졌다.

** 참치는 타이완어로 '층아串仔'이며 타이완 중국어로는 '웨이위鮪魚'라 한다. '웨이위'는 일본 한자 '鮪'에서 차용했다. 중국 대륙에서는 진창위金槍魚라고 쓰고, 홍콩에서는 영어 Tuna를 음역한 '툰나위吞拿魚'라고 부른다.

물관리서는 고등엇과 '가다랑어*Katsuwonus pelamis*'만 참치라고 강조했다.

　　그러나 타이완 내 관련 업계에서 다랑어 대신 가다랑어로 참치 통조림을 만든다는 사실은 이미 공공연한 비밀이기도 하다. 사실 고등엇과의 '줄삼치*Sarda orientalis*'는 이미 참치 통조림이라는 이름으로 시장에 출시되었다. 타이완에서 가다랑어는 '옌아煙仔', 줄삼치는 '옌아호煙仔虎'라고도 불린다. 지룽 관광 항구에서는 작은 참치를 뜻하는 '샤오웨이위小鮪魚'로 불린다.*

　　일본에서는 다랑어와 가다랑어를 구분하여 통조림에 원재료를 표시해야 하며 두 생선을 혼합한 통조림은 성분을 표시해야 한다.

---

*　　줄삼치에 '옌아호煙仔虎'라는 이름이 생긴 이유는 보통 '옌아煙仔'(가다랑어)를 쫓기 때문에 생겼다고 알려졌다. '페이우후飛烏虎'(만새기)가 '페이우飛烏'(날치)를 잡아먹는 것과 유사하다. 고등엇과의 고등어, 가다랑어, 줄삼치, 다랑어 중 줄삼치는 동갈삼치와 함께 삼치와 같은 종이다. 크기는 최대 1미터 정도로 작은 편으로 가다랑어正鰹나 점다랑어巴鰹와 비슷한 크기다. 줄삼치는 가다랑어 중 작은 개체만 잡았던 것으로 보인다.
사실 줄삼치와 가다랑어는 비슷하게 생겼다. 가장 큰 차이는 몸의 줄무늬인데 줄삼치는 등에, 가다랑어는 배에 가로줄이 보인다. 그 밖에 줄삼치의 이빨은 가다랑어보다 두껍고 성기지만 더 날카롭다. 그래서 이빨이 성기다는 의미의 '수츠옌疏齒煙'으로도 불렸으며, 이름에 호랑이가 붙은 이유이기도 하다. 육질을 보면 줄삼치는 하얀색, 가다랑어는 붉은색을 띤다.

타이완 채식 소사

타이완에서 채식 문화는 보편적이고 다양한 양상을 띠고 있다. 어디서든 채식 식당을 찾을 수 있으며 슈퍼마켓에도 채식 전용 코너가 있다. 타이완은 해외 언론매체가 선정한 '채식 친화적인 국가'이며, 또한 채식주의 식재료인 '대체육Meat analogue, Vegetarian meat'을 세계시장에 공급하는 채식 대국이기도 하다. 이는 상대적으로 많은 채식 인구가 뒷받침되었기 때문이다.**

타이완의 채식 인구는 어느 정도일까? 채식의 정의와 기간에 대해서는 정확하게 통계를 내리기 쉽지 않아 공식적인 조사 자료는 매우 드물다. 채식의 정의에는 두 가지가 있다. 섭취 음식에 따라 유제품과 알은 먹는 '락토 오보'와 순수 채식만 허용하는 '비건'으로 나뉜다. 기간으로 보면 장기 채식과 탄력적 채식(아침이나 특정한 날이나 기간을 정해 실천하는 채식)이 있다.

재단법인 식품공업발전연구소가 2008년 발표한 「타이완 식품소비 조사통계연감」에 따르면 타이완의 채식 인구는 약 10퍼센트로 그중 중장기 비건 인구는 2퍼센트 정도다. 그 밖에 채식을 실천하는 이유로 종교

** 영국의 여행잡지 『원더러스트Wanderlust』는 「채식주의 여행자에게 추천하는 7개국」이라는 기사에 인도, 스리랑카, 이탈리아, 레바논, 인도네시아, 타이완, 영국 등을 소개했다(2019년 5월 13일).

와 건강을 꼽았다.

최근 몇 년 사이 해외 언론이 보도한 각국의 채식 인구에 관한 조사에 따르면 타이완의 채식 인구 비율은 전체 인구의 13~14퍼센트로 상위권을 기록했으며, 채식 인구수는 약 330만 명, 채식 식당은 6000여 곳에 이른다. 타이완의 채식 인구가 늘어나면서 정부도 식품 성분을 포장에 표시하도록 규정하는 등 매우 엄격한 기준을 시행하고 있다고 한다.*

타이완에서 채식을 선택하는 이유는 크게 종교, 건강, 환경보호(축산업에 의한 대량 온실가스 배출과 환경 파괴에 반대함), 인도주의(비인도적인 방식으로 동물을 사육하고 도축하는 것을 반대함) 등이다. 그중 종교에 의한 채식이 많은 편인데, 역사적으로 전통 '재가불교在家佛敎'의 영향을 크게 받았기 때문이다.

재가불교의 성장

중국 명나라 중기 산둥 지역의 불교도 나청羅淸이 '재가불교' 사상(나교羅敎라고도 한다)을 창시했다. 집에서는 채식을 실천하고 경전을 낭송하는 등 일상에서 수행을 생활화할 것을 주장하여 중하층 민중의 폭넓은 지지를 받았다. 나교는 중심 조직이 없었지만 시간이 지나면서 여러 지역에서 유

---

* 영문 위키백과의 'Vegetarianism by country'에 따르면 2010년 이후 관련 통계자료를 종합한 결과, 상위 6개국은 인도(20~40퍼센트), 멕시코(19~20퍼센트), 브라질 14퍼센트, 스위스 14퍼센트, 타이완 13~14퍼센트, 이스라엘 13퍼센트 등이다. 그 밖에 일본 9퍼센트, 영국 7퍼센트, 미국 5~8퍼센트, 중국 4~5퍼센트를 기록했다. 그러나 이 조사의 채식 인구 중에는 탄력적 채식의 비중이 높다(2021년 4월 30일).

파가 생겨났다. 유교, 불교, 도교의 교의를 결합한 종교운동이자 민간신앙으로 발전하면서 한 시대를 풍미했다. 청나라 시대, 나교의 각 유파가 정통 불교를 위협할 정도로 세력이 커지자 정부의 탄압도 점점 거세졌다.

명나라 말기부터 청나라 시대까지 나교의 여러 유파는 타이완에도 유입되었다. 명나라 숭정제 시기의 금당파金幢派, 청나라 도광제 시기의 용화파龍華派, 청나라 함풍제 시기의 선천파先天派가 주요 세력으로 손꼽혔다. 그중 선천파가 가장 엄격하게 육식을 금했다. 당시 사회적 구제 조직이 부족한 상황에서 나교는 타이완 각지에서 체계적으로 상호부조 역할을 했다.

네덜란드의 관련 문헌에는 당시 타이완에 이미 채식 인구가 있었다고 기록되었다.

네덜란드 시대, 타이완에서 단기간 머물며 일하던 중국인들은 사망자의 유해를 고향으로 보냈다. 네덜란드가 통치하던 시기였지만 사실상 중국인 사회가 형성된 것으로 보인다. 누군가가 사망했다면 이를 처리할 승려나 도사가 필요했다. 중국식 장례 의식을 치렀으며 효녀가 무덤에서 곡을 하는 풍습도 있었다. 불교의 승려는 없었지만, 사회적으로 재가불교가 유행했기 때문에 신도들은 상가에 가서 향을 피우고 경전을 낭송했을 것이라는 의견도 있다. 합리적인 추론이다.

또한 네덜란드가 타이완에 절이나 사당을 짓는 것을 허락하지 않아서 중국인 이민자는 고향에서 가져온 신상을 집에 두고 기도를 올렸다. 그중에는 석가모니나 관음상도 있었다. 당시 타이완에도 재가불교 신도가 있었음을 보여주는 기록이라 할 수 있다.

Camchia Yoffe, 't welk betekent / 't is een offerhande welke wy u aandoen Joosje. Vooders / als alle hare dienſtplegingen gedaan zijn/ nemenſe alle de vooꝛſepde ſpijſe van den Autaar weeh / en ſetten die op een andere Tafel / aan welhen zy haar nedervoegen en goede cier maken. De vꝛouwen en zijn 'er nopt tegenwooꝛdigh / alsſe hare offerhanden doen. Zy hebben mede een plaats waarſe hare dooden begraven / deſelve leggende in een hupl / welhen ſy van boven met een ſteene boogh bemetſelen / makende een hlepn deurtje in deſelve boogh / van omtrent een voet hoogh / en bꝛengen aldaar / met 'et lijh / gehoohte ſpijſen en haren dꝛanh met rijs / al 't welhe ſy vooꝛ deſen hupl neder ſetten / en ſtaan laten / ſeggende / dat 'et een offerhande is / welhe zy den Duyvel aandoen. Sy huuren mede vꝛouwen om te weenen en huplen / als 't lijh ter aarde gebꝛacht woꝛdt / vooꝛ uptgaande en roe= pende / Waarom zijt ghy geſtorven ? hebt ghy gebreh gehad van ſpijze, rijs ? &c. noemende alles wat tot 'et onderhout des levens van nooden is / en daar na roepenſe en huplenſe / Waarom zijt ghy dan geſtorven ? De vꝛou= wen en eten op gemeene malen met haar mans niet. Wanneer de Sineſen op dit Eplandt geene vꝛouws perſoonen ontmoeten / die haar bevallen / ſoo ontbieden ſy 'er upt Sina / ſchꝛijvende aan hare vꝛienden of behenden/ die haar dan vꝛouws-perſoonen over ſenden ; ja doen 'er hoopmanſchap mede /

M 2   als

중국인은 장례를 치를 때 여성(효녀백금孝女白錦)을 고용하여 곡을 시켰다(Verhaal Van de Vero Vering Van't Eylant Formosa, Door de Sinesen, Op Den 5 Julii, 1661 : Uyt Het Frans Vertaalt).

일본 시대의 재교

일본 시대, 타이완 총독부는 타이완 통치를 위한 '구습舊習 조사'를 시행했다. 금당교金幢敎, 용화교龍華敎, 선천교先天敎 등이 채식을 강조했으며, 신도들은 자신을 '식채인食菜人'이라 칭하고 같은 교인끼리 '채우菜友'라고 부른다는 사실을 알아냈다. 이들 종파의 신도들이 공양하고 모이는 장소를 '재당齋堂'이라고 불렀기 때문에 '재교齋敎'라고 통칭했다.

당시 타이완 총독부의 통역관 가타오카 이와오片岡巖는 『타이완풍속지臺灣風俗誌』(1921)에서 재교에 대한 신도의 인식을 언급했다.

"삭발하고 법의를 입은 불교 승려 중 많은 수가 실제로는 그저 입에 풀칠이라도 하려고 출가했기 때문에 계율을 지키는 이는 매우 적었다. 그

齋堂内の正廟（齋場）
正面に主祀の觀音像を奉祀し菜食
人は朝夕禮拜讀經する

（臺北市南隅觀音山）　齋堂全景

일본 시기 발간된 문헌에 실린 재교의 '재당'

러니 불경을 읽으며 중생을 구제하는 건 말할 것도 없고 절에 살면서 생
산적인 일에도 종사하지 않았다. 재교 신도는 삭발하지도 않고 법의도 입
지 않았지만, 교의를 암송하고 계율을 엄격히 지키는 등 신도로서 손색이
없다. 직업도 있어 국민으로서 본분을 다한다."

　　당시 타이완에서 재교의 영향력은 불교보다 컸다. 1915년 발생한 '시
라이안 사건西來庵事件'(타파니噍吧哖 사건)을 일으킨 재교 지도자 위칭팡余淸
芳은 종교의 이름으로 세력을 키워 무장 항일활동을 시도했다. 일본 군경
의 진압으로 총 1000여 명의 사망자가 발생했고 2000명 가까이 체포되었
다. 이후 타이완 총독부는 타이완 민간신앙에 대한 정리와 관리 감독을 강
화하기 시작했다.

　　전후 중국의 불교가 타이완으로 전파되면서 재교는 쇠퇴하기 시작했
다. 많은 신도가 정통 불교로 전향했기 때문이다. 그러나 일부 재교 신도는
도교의 일관도一貫道로 개종하여 오늘날까지 활발히 활동하고 있다. 중국
불교는 타이완에서 1980년대부터 확산하여 오늘날까지 이어졌다. '세속
불교'를 주창하면서 종교적 채식 인구가 증가하는 데 영향을 미치고 있다.

타이완의 신채식주의

1990년대 타이완에는 기존의 종교에 의한 채식 외에 건강 채식, 환경 채
식 등이 대중의 관심사로 떠올랐다. 전통적인 채식素食[불교 교리에 따른 채
식]과는 다른 채식주의蔬食[건강·환경을 위한 채식]가 증가하기 시작했다.

　　불교와 도교의 근본인 채식은 '오신五辛'(파, 염교, 부추, 마늘, 홍거. 오훈五

葷이라고도 한다)을 금기했다. 즉 파, 마늘 부추, 염교 등의 매운맛 채소까지 육식으로 보았다. 먹으면 성욕을 자극하고 입에서는 악취가 나기 때문이다. 오신채를 기록한 『능엄경楞嚴經』은 "오신채를 익혀 먹으면 음심이 생기고, 날로 먹으면 화가 생기며, 신선과 선녀는 멀리 떠나고, 아귀가 붙어서 떠나지 않는다"고 했다.

그러나 모든 채식주의자가 종교 신자는 아니므로 오신채를 금기시할 필요는 없다. 더군다나 파, 마늘, 부추 등은 그 자체로도 맛있고 음식에 맛을 더하는 채소가 아닌가. 이렇듯 오신에 대한 금기가 없다면 채식을 실천할 때 음식의 선택 범위도 넓어진다. 국제적이고 창의적인 채식 식당이 점점 늘어나면서 타이완 채식 인구도 증가하고 있다.

빈곤 시대의 밥도둑

타이완 속담에 "부부란 절인 무를 함께 먹는 것" "부부란 서로를 지키며 절인 무뿌리를 함께 씹는 것"이라는 말이 있다. 부부의 연을 소중히 하며 지켜나가야 한다는 의미를 담고 있다. 서로 사랑한다면 하루 세끼를 멀 건 죽에 무말랭이를 먹더라도 행복한 날을 보낼 수 있다는 말이다. 빈곤 시대에 단무지나 오이장아찌 등은 가장 흔하면서 저렴한 염장 채소였다. 짭짤한 맛이 나기만 하면 밥반찬이 될 수 있던 시절의 이야기다. 보통 흰 쌀밥이 없으면 흰죽이나 고구마죽에도 잘 어울린다.

타이완은 사방이 바다인 섬인 만큼 염장 해산물이 풍부하다. 저렴한 가격에 풍부한 단백질을 갖췄으니 훌륭한 밑반찬이라고 할 수 있다. 멸 치 같은 작은 생선을 말린 건어물이 대표적이다. 사실 가난한 집에서는 어떤 음식이 싸면서 맛 좋은 반찬인지 잘 구별해낸다.

젓갈

젓갈은 소금에 절인 생선, 새우, 조개류를 말한다. 매우 짜고 발효음식 특 유의 맛이 있다. 보통 유리병에 담아서 보관하며 밥도둑으로 불린다. 특히 아침을 죽으로 많이 먹던 옛 시절에는 단골 반찬이었다.

청나라 시대 타이완 관련 문헌에는 생선과 새우로 젓갈을 담근다는 내용이 있을 정도로 젓갈은 상당한 전통을 가진 음식이다. 일본 시대부터 전후 시대 초기까지 찾는 이가 많았지만 이후 점차 줄어들었다. 오늘날 펑후, 타이난, 루강, 진산 등 지역에서 일부 상인들이 여전히 생선, 새우, 소라, 굴, 꼴뚜기 등으로 만든 젓갈을 팔고 있다.

자반고등어

고등어는 타이완에서 화페이花飛라고도 불린다. 어군이 구로시오 해류에 풍부하며 타이완에서 어획량이 가장 많은 어종이다. 생으로도, 익혀서도, 소금에 절여서도 먹고 통조림도 있다. 저렴하고 맛이 좋은 단백질 공급원으로 서민을 위한 음식이라 할 만하다.[*]

고등엇과 생선은 쉽게 상한다. 체내 히스티딘이 쉽게 히스타민 등 독소로 바뀌기 때문에 '고등어 식중독'으로 불리는 히스타민 식중독을 일으킨다. 이런 이유로 냉장 설비가 없던 시절 신선한 고등엇과 생선은 한 번에 먹지 못할 양이라면 바로 염장하여 간고등어로 만들어 보관했다.

자반고등어는 타이완에서 가장 흔한 염장 생선이었다. 구우면 소금에 절인 향이 자연스럽게 밥을 찾게 했다. 가난한 집 아이들에게는 성장기에 필요한 영양분을 공급하는 역할을 톡톡히 했다.

---

[*] 타이완중앙연구원『타이완 어류 데이터베이스臺灣魚類資料庫』에 따르면 타이완에서 쉽게 볼 수 있는 고등어는 두 종류다. 주로 호주고등어로 불리는 '망치고등어Scomber australasicus'와 일본고등어로 불리는 '참고등어Scomber japonicus'가 있다.

긴가라지

'쓰포四破'는 타이완에서 긴가라지를 가리킨다. 추광성 어종으로 일찍이 타이완 연해에서 흔한 생선으로 어획량도 상당했다.*

청나라 강희 연간의 『푸젠통지타이완부福建通志臺灣府』(1866)에 관련 기록이 있다.

"긴가라지는 정어리와 비슷하지만 비늘이 없다. 불빛을 좋아하여 다우룬大武崙에서 싼댜오三貂 일대 해안 지역 어민들은 밤에 두 척의 배에 그물을 치고, 다른 작은 배에서 횃불을 들어 고기를 유인했다. 고기떼가 불빛을 보고 몰려들어 그물에 고기가 셀 수 없이 많았다."

청나라 시대 지룽 다우룬에서 신베이시 싼댜오 지역에서 야간에 불빛을 이용하여 고기를 잡는 광경을 묘사했다. 어민들은 이미 긴가라지의 추광성을 알고 조업에 활용했다.

긴가라지는 지방산이 풍부하여 공기 중에서 쉽게 변질되기 때문에 특수한 처리 방법이 발전했다. 어선이 항구에 들어오면 잡은 생선을 바로 염수로 끓여서 익힌 다음 판매한다.

삶은 긴가라지는 가격이 저

---

*   타이완중앙연구원 『타이완 어류 데이터베이스』에 따르면 전갱잇과 가라지속에는 가라지, 긴가라지, 풀가라지 등 세 종의 어류가 있지만 대개 가라지로 불린다. 낚시 애호가 중에는 가라지는 '바랑巴郞'이라 하고, 긴가라지만을 '쓰포四破'라고 부르는 사람도 있다.

렴하며, 불에 구우면 소금을 머금은 향이 자연스럽게 밥을 찾게 해 서민의 사랑을 많이 받았다. 오늘날에도 많은 사람이 추억의 음식으로 손꼽는 음식이다.

매퉁이

매퉁이는 타이완에서 거우무위狗母魚라 불린다. 개狗와 어떤 관련이 있는지 호기심을 자극하는 이름이다.** 청나라 타이완 관련 문헌에는 매퉁이를 대략 "길이가 한 척 정도이며 가시가 많아 고기 중에서도 하품에 속한다"라고 기록했다. 매퉁이는 못생긴 외모에 가시가 많아 하급 생선으로 분류되었지만 힘든 시절 보통 가정에서는 '위쑹魚鬆'[생선을 가공하여 솜처럼 만든 식품]을 사 먹었다. 독특한 풍미가 있는, 많은 사람이 어린 시절 먹었던 추억의 맛으로 기억한다. 오늘날에는 매퉁이의 어획량이 크게 줄어들어 매퉁이 위쑹 가격이 돗새치나 언어보다 비싸졌다.

** 　타이완중앙연구원 『타이완 어류 데이터베이스』는 매퉁이과 매퉁이속에는 꽃동멸, 황매퉁이, 타이완매퉁이 등 여섯 종의 어류가 있지만 민간에서는 매퉁이로 통칭한다.
꽃동멸은 타이완어로 '거우무써우狗母梭'라 부른다. '梭'은 베틀을 짤 때 쓰는 북으로 꽃동멸의 생김새가 이와 비슷하여 지어진 이름이다.
매퉁이는 24절기 중 하나인 '곡우穀雨'의 타이완어 발음과 비슷하여 혼동을 일으키기도 한다. 또한 '곡우' 즈음에 많이 잡히기 시작하여 '곡우어'로도 불린다.

타이완은 어떻게 샤오츠 왕국이 되었나

타이완은 샤오츠小吃[간식]로 미식 문화의 명성을 얻었다. 일찍이 해외 미디어의 관심을 끌었고 높은 평가를 받았다.

CNN 트래블은 홈페이지에 40종류에 이르는 타이완 샤오츠를 추천했다. 샤오츠를 'Small eats'로 번역하여 "작은 음식들이 타이완의 거물이 되었다"라고 소개하며 "타이완의 음식 철학은 자주 먹고, 잘 먹는 것"이라고 전했다.*

일본의 작가이자 탐사보도 전문 기자인 노지마 쓰요시野島剛는 「타이완 요리는 미슐랭과 아무 관련이 없다」라는 제목의 칼럼에서 "타이완 요리의 정수는 '싸고 맛있으며 일상적'이라는 매력의 샤오츠에 있다"고 썼다.**

싱가포르 『연합조보』는 「작은 음식의 큰 힘」이라는 제목의 칼럼을 통해 샤오츠 문화의 저력을 소개하며 "타이완의 소프트파워를 확장할 수 있다"고 했다.***

---

* 2015년 7월 CNN 트래블은 「타이완 최고의 음식과 음료 40: 구아빠우부터 버블티까지」라는 기사에서 40종의 샤오츠를 소개했다.
** 2018년 3월 23일자 『핑궈일보蘋果日報』의 칼럼 「미슐랭 가이드 타이베이 2018에 선정된 타이완 식당이 없다」에 대한 노지마 쓰요시의 견해.
*** 2010년 1월 23일자 타이완 중앙통신사 보도.

타이완 샤오츠의 기원과 발전

타이완은 다민족·다문화의 이민 사회로 여러 음식문화가 전승되고 융합하며 혁신을 이뤘다. 서민들이 즐기는 샤오츠에는 그런 특징이 두드러진다.

샤오츠는 원래 식사의 상대적인 의미로 옛날 타이완에서는 '뎬신點心'이라고 불렸다. 지역 주민이 현지의 식재료로 간단하게 조리하여 양이 적고 가격도 싸며 언제 어디서든 팔 수 있는 샤오츠를 만들어냈다.

타이완 샤오츠의 기원과 발전은 국제결혼으로 이주한 신 이민자에게서 찾을 수 있다. 초기의 신 이민자 중 생활이 어려웠던 사람들은 고향 음식을 조리하고 팔아서 생활을 유지했다. 또한 타이완 사회는 자신의 생계 문제는 스스로 해결한다는 관념이 이어지고 있었기에 일자리를 잃은 사람들 가운데 일부는 노점을 열어 샤오츠 장사를 택하기도 했다.

처음 타이완에 도착한 푸젠·광둥 지역의 이민자들이 산림을 개간하고 밭을 일구던 시기에 누군가는 좌판을 가지고 와서 샤오츠 장사를 했다.

저렴한 비프스테이크는 타이완 야시장의 고정 메뉴다.

취안저우, 장저우, 푸저우, 차오저우, 객가 등의 지역에서 온 초기 이민자들은 자기 고향의 수호신 위패를 가져와 새로운 고향에 사당을 지었다. 사당은 신앙의 중심지일 뿐만 아니라 사교와 거래의 장소가 되어 각종 샤오츠 좌판을 끌어들였다. 시장이 형성되었고 타이완 여러 지역에서 '사당 샤오츠'가 생겨났다.

그 후 인구가 늘어나면서 지역마다 식재료 시장이 형성되었다. 매일 식재료를 사려는 손님들이 찾아오는 시장 주변은 샤오츠를 팔기에 좋은 장소였다. 여러 지역의 경제가 발전하고 여건이 개선되자 다양한 식재료와 복잡한 조리법이 속속 등장했다. 샤오츠의 종류도 풍부해졌고 음식 수준도 높아졌다. 이 시기의 샤오츠는 단순히 허기를 면하는 수단이 아닌 온전한 한 끼 식사가 되었고 나아가 식당의 메뉴로 변신하기까지 했다.

오늘날 타이완의 수많은 샤오츠 점포는 각 지역의 길가, 시장, 골목, 사당 입구, 야시장 심지어 백화점 식품매장에까지 진출했다. 단짜이몐, 루러우판 같은 흔하고 인기 있는 샤오츠는 식당이나 오성급 호텔에도 진출했으며 국빈 연회의 메뉴에도 이름을 올렸다.

반대로 식당의 정식 메뉴였던 음식이 샤오츠로 변하기도 했다. 루러우판 노점에서 작은 사발로 파는 불도장이 그렇고, 푸드트럭에서는 베이징카오야를 1인분씩 판매한다. 야시장에서는 값싼 비프스테이크와 철판요리, 생선회도 먹을 수 있다. 그 밖에도 타이완 전통 보양식인 각종 찜 요리도 작은 용기에 담아 조리하니 야시장의 샤오츠 노점에서도 몸보신을 할 수 있다.*

타이완 샤오츠의 다양화

타이완 샤오츠는 식재료에 따라 쌀, 밀, 콩류, 육류, 해산물, 단 음식, 빙과류 등으로 나뉜다. 처음에는 푸젠과 객가 요리가 주를 이뤘지만 이어서 일본 요리가 더해졌다. 전후 중국 여러 지역의 대표 요리와 유럽, 미주, 남아시아, 동남아시아 등 세계 각지의 미식이 전해졌다. 타이완에서 현지화되고 발전을 거듭하며 오늘날 눈부시게 다채로운 타이완 샤오츠를 만들어 냈다.

예를 들면, 동부콩豆豉을 길게 면처럼 늘려서 조리하는 더우첸豆簽은 원래 중국 취안저우 안시安溪 지역의 간편식이다. 바다가 없는 지역이라 대부분 수세미와 함께 끓여 국수처럼 먹었다. 타이완에서는 굴, 새우, 갑오징어 등 해산물과 함께 끓였고 타이완식 더우첸죽豆簽羹이 되었다.

타이완 각지의 특산물과 조리법은 샤오츠에 다양한 변화를 일으켰다. 예를 들어 생선완자는 지역의 주요 어종에 따라 돛새치 완자, 상어 완자, 장어 완자, 만새기 완자, 갯농어 완자 등 그 종류도 다양하다. 여기에 잘게 저민 고기소를 고기풀로 감싼 푸저우 생선 완자, 민물생선 완자가 생겨났고, 신선한 생고기를 소로 쓰는 완자도 등장했다.

타이완의 고기 쭝쯔肉粽는 딩강쭝頂港粽(북부쭝), 샤강쭝下港粽(남부쭝), 객가쭝, 원주민쭝 등으로 나뉜다. 소시지 종류도 다양하다. 지룽먀오커

---

*   타이완의 도시락은 일본 시대 증기열차 철도역에 처음 등장했으며 '벤당便當'이라는 명칭은 일본어 벤토에서 유래했다. 전후 벤당은 도시락을 뜻하는 중국어가 되었다. 휴대가 편리한 도시락을 중국에서는 '허판盒飯'이라 하고, 과거 홍콩에서는 '판허飯盒'라 불렀다.

우 야시장의 '이커우츠소시지—口吃香腸'[한입 소시지]는 엄지손가락만 하지만 타이베이 스린士林 야시장의 '스린큰소시지'는 팔뚝과 비슷한 크기(약 30센티미터)이며 핑둥현 류추섬의 '모기향소시지'는 2미터에 이른다.

타이완 샤오츠의 다양성은 아침 식사에서부터 볼 수 있다. 세계 각 지역과 비교하면 타이완의 아침은 편리하고 저렴하며 무수한 선택지가 있다. 이는 타이완 사람들에게는 너무나 익숙하여 미처 느끼지 못하는 행복이다.

타이완의 아침은 밥과 면, 타이완식, 중식, 일식, 양식, 베트남식 등 선택의 폭이 넓다. 단맛, 짠맛, 탕, 찜, 부침, 구이는 물론 매장에서 먹어도 되고 포장할 수도 있다. 큰길이든 골목이든 각양각색의 아침 식당에서 입맛에 맞는 메뉴를 고르면 된다. 타이완의 샤오츠는 대부분 아침부터 먹을 수 있다. 어디서나 먹을 수 있는 보편적인 음식은 물론 지역 특색이 강한 음식도 맛볼 수 있어 타이완 사람들은 아침을 먹으며 기분 좋게 하루를 시작한다.

타이완의 '벤당便當'[도시락]은 타이완 샤오츠의 연장선 위에 있는 것으로 종류도 다양하다. 전통 타이완식 홍러우판, 갈비, 닭다리 도시락이 유명하고, 홍콩식 시우메이 도시락에는 홍콩에는 없는 다양한 토핑이 추가되기도 한다. 여기에 일본식 도시락도 맛볼 수 있다. 벤당은 일본어에서 유래한 단어다. 일본의 도시락이 미관을 중시한다면, 타이완의 도시락은 실속을 강조한다. 주요리가 있고 따뜻하기까지 하니 일본인에게도 인기가 높다.

타이완 샤오츠의 분위기

불교의 육근六根(눈, 귀, 코, 혀, 몸, 의식)과 육진六塵(색, 성, 향, 미, 촉, 법)으로 음식문화를 말한다면, 인류는 음식의 색, 향, 맛 외에도 소리, 촉감, 의식 등으로 음식을 기억한다. 여기에는 음식과 관련된 감정, 장소, 추억, 향수, 역사, 유래 등도 포함된다. 맛집 거리에서 샤오츠를 먹는다면 식당과 주변 사람들, 소리, 공기 등이 만들어내는 분위기가 추억과 향수를 불러일으킨다.

각 지역의 샤오츠는 지역의 주민, 역사, 문화, 산업과도 관계가 깊다. 샤오츠 식당이 모인 전통 거리나 사당 입구 등의 장소에는 얼마나 많은 이전 세대의 역사가 스며들어 있겠는가? 충분히 탐구할 만하다. 우리가 샤오츠에 숨어 있는 숱한 이야기를 발견할 때마다 음식의 맛에 사람 냄새가 더해졌다. 타이완 샤오츠는 타이완의 문화 자산이자 중요한 관광 자원이다.

타이완이 발명한 외국 요리

타이완으로 모여든 세계 각지의 이름난 미식 요리는 자연스럽게 융합되었고 나아가 혁신을 이루었다. 새로운 미식이 탄생했다. 외국 이름으로 불리지만 현지에는 없는 요리다.

예를 들면, 타이완의 원저우 훈툰溫州大餛飩은 원저우에서는 찾을 수 없다. 타이완에서 흔히 보이는 쓰촨식 훙사오뉴러우몐川味紅燒牛肉麵도 쓰촨에는 없다. 몽골 바비큐蒙古烤肉 역시 몽골에는 없다. 타이완의 여러 쓰촨 식당에서 우겅창왕五更腸旺을 팔고 있지만 역시 쓰촨에는 이런 음식이 없다. 타이완의 타이 식당에서 맛볼 수 있는 웨량샤빙月亮蝦餅 역시 타이에는 없는 음식이다.

타이완은 어떻게 이들 외국 음식을 '발명'했을까? 그 이면에는 어떤 역사와 이야기가 숨어 있을까?

원저우 훈툰

중국 각지의 요리가 타이완으로 모여들면서 비슷해 보이지만 이름이 다른 음식도 적지 않다. 얇은 밀가루 피로 고기소를 감싼 음식을 푸젠에서는 '볜스扁食', 광둥에서는 '윈툰雲吞', 쓰촨에서는 '차오서우抄手', 저장과 북방에서는 '훈툰餛飩'이라고 부른다. 타이완에서는 여러 가지 이름을 함께 사용하다가 점차 '훈툰'이 가장 많아졌다.

타이완 인구 중에는 푸젠의 장저우와 취안저우 출신이 가장 많았기 때문에 처음에는 '벤스'라고 불렸다. 청나라와 일본 시대의 문헌에도 '훈툰'이란 단어는 거의 없었다. 오직 청나라 말기에 쓰여진 『헝춘현지恒春縣志』(1894)에 "훈툰은 민간에서 '벤스'라고도 한다"는 기록이 있는데, 이 책을 편찬한 도계선屠繼善은 저장 사람이다.

벤스는 고기소를 나무 방망이로 평평하게 만들었기 때문에 생긴 이름이다. 지금의 훈툰보다는 작고 돼지 뼈를 곤 국물은 진하다.

전후 시대 타이베이에는 '원저우 훈툰'이 등장했다. 훈툰은 벤스보다 훨씬 컸다. 비교적 맑은 탕에 김과 자차이榨菜, 지단을 올렸다.

타이완의 원저우 사람들은 대부분 전후 시기에 이주했다고 알려졌지만 사실 원저우는 푸저우의 북쪽에 인접한 도시로 타이완에서도 그리 멀지 않다. 이들은 16세기에 해적을 통해 타이완과 처음 접촉했다. 청나라 문헌에도 몇몇 원저우 사람이 타이완에 왔다는 기록이 있는데 본격적인 대량 이주가 시작된 건 일본 시대의 일이다.

1930년대 일본인은 원저우에서 많은 인원을 모집하여 지룽의 탄광(일부는 진과스金瓜石 금광)으로 보냈고, 부두 노동자들은 지룽항 서쪽 6부두 뒷산에서 모여 살았다. 지룽 사람들은 오늘날에도 이곳을 '원저우랴오溫州寮'라고 부른다.

이 밖에도 전후 시기 적지 않은 저장 사람이 지룽으로 왔다. 이미 고인이 된 전 지룽시 입법위원 류원슝劉文雄 역시 원저우 출신이다. 여기에 1955년 저장성 연안 다천大陳섬의 이민자들은 지룽을 타이완 최대의 저장

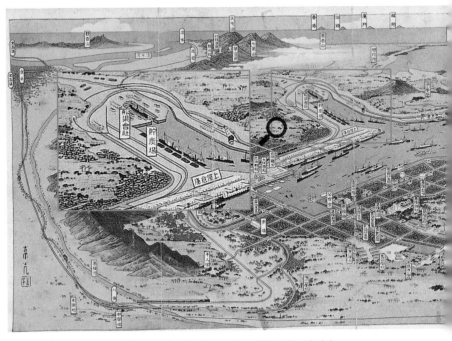

지룽 서해안 항구의 저탄장 근처에 석탄을 배로 실어 나르는 노동자들이 모여 있다.

마을로 만들었다.

이로부터 타이완의 훈툰은 저장성 원저우 사람들이 처음 가져와 지룽에서 팔았다고 볼 수 있다. 지룽에 정착한 원저우 이주민의 자손인 요식업 브랜드 마케팅 기업 고문인 류베이베이劉蓓蓓는 "아마도 지룽에 정착한 저장 사람들의 2세, 3세가 전후 시기 타이베이로 이주하여 훈툰을 팔며 생계를 이어나갔을 것"이라며 "이후 훈툰을 크게 만들어 '원저우 훈툰'이라는 상표를 내걸었던 것으로 보인다"고 말했다.

쓰촨식 훙사오뉴러우몐

타이완은 전통적으로 소고기를 많이 먹지는 않았다. 전후 시기 '쓰촨식 훙사오뉴러우몐'이 등장하고 나서야 소고기를 먹는 분위기가 생겼다. 오늘날 뉴러우몐은 대표적인 면 요리가 되었다. 타이베이시는 2005년부터 '국제 뉴러우몐 축제'를 개최하고 있다.

타이완은 어떻게 뉴러우몐을 만들었을까? 타이베이대학 역사학자이자 음식문화 작가인 고 루야오둥逯耀東 교수는 "중국이든 타이완이든 각양각색의 뉴러우탕, 뉴러우몐이 있었지만 쓰촨을 간판에 내건 훙사오뉴러우몐은 타이완에서 독창적으로 만든 음식이다. 쓰촨 현지에는 이런 맛이 없다"라고 했다. 전후 시기 쓰촨성 청두의 공군학교가 가오슝 강산岡山으로 이전하자 대부분 쓰촨 출신인 군인 가족도 함께 이주해왔다. 그들은 쓰촨에서 하던 방식으로 두반장을 만들었고, 두반장으로 소고기 탕을 만들었던 방법으로 '쓰촨식 홍사오뉴러우몐'을 만들었다. 고향은 중국 강산이지만 타이베이에서 이름을 널리 알린 음식인 셈이다.

브랜드 마케팅 기업 고문 류베이베이는 2005년 타이베이에서 '뉴러우몐의 날' 행사를 기획하고 개최했다. 당시 루야오둥 교수의 주장을 인용하여 타이완 뉴러우몐의 기원을 소개했다.

미식 칼럼니스트 량환상梁幻祥은 2011년 저서 『맛滋味』에서 타이완 뉴러우몐의 기원을 언급했다. "타이베이대학 루야오둥 교수는 강산의 군인들이 만들었다고 했는데, 타이베이 중화로에서 기원했다는 설도 있다. 어쨌든 퇴역 군인들이 살길을 찾기 위해 젖 먹던 힘까지 짜내며 만든 맛이라는 사실은 분명하다."

서민 음식치고는 다소 비싸 보이기도 하지만 뉴러우몐은 지금도 맑은 국물, 토마토, 카레, 사차, 마라 등 다양한 맛이 계속 등장하고 있다. 물론 '쓰촨식 홍사오' 맛이 여전히 가장 인기 있는 대표 메뉴다. 또한 주재료인 소고기 외에 소갈비나 와규 등을 넣은 새로운 메뉴가 출시되었다.

몽골 바비큐

몽골 바비큐는 1950년대 타이완에 등장하여 한때 큰 유행을 일으켰으며

5성급 호텔의 뷔페 메뉴에 포함되기도 했다.

사실 몽골 바비큐는 숯불에 구운 게 아니라 뷔페처럼 고객이 직접 재료를 골라서 먹는 방식이다. 각종 고기와 채소, 소스 등을 주방에 전달하면 큰 철판에 볶아서 조리해준다. 자신의 취향에 따라 골라서 먹는 방식으로 큰 화제를 모았다.

몽골인들은 정말 고기를 이런 식으로 먹었을까? 저 멀고 먼 몽골과는 어떤 관계일까? 몽골 바비큐는 베이징 출신의 유명 만담 배우인 우자오난吳兆南이 타이완에서 개발한 음식이다. 1951년, 그는 고향의 불고기를 생각하며 타이베이에서 '몽골 바비큐'라는 간판을 내걸고 배가 부를 때까지 고기를 먹을 수 있는 식당을 창업했다. 사람들에게 북방의 대초원에서 먹는 바비큐를 상상하도록 한 것이다.

우자오난은 훗날 방송 인터뷰에서 그 유래를 밝혔다. 당시 타이완 사회는 계엄령이 발동되고 백색테러의 공포가 감돌던 시기였다. 베이징 바비큐, 베이핑北平[베이징의 옛 이름] 바비큐 등의 이름은 금기시되었다. 그는 생각나는 대로 '몽골 바비큐'로 이름을 지었다.

2000년대 들어 타이완에 쯔란孜然[자극적인 맛의 향신료]을 주로 사용하는 '몽골 훠궈'가 등장했다. 몽골의 시조인 칭기즈칸이 먹었던 건강한 훠궈라는 구호를 앞세웠다. 사실 타이완에서 발명된 또 다른 '가짜 몽골 요리'인 셈이다.

우경창왕

타이완 쓰촨 음식점의 주요 메뉴인 우경창왕五更暢旺이 타이완을 풍미한 지도 수십 년이 지났다. 쓰촨 식당이 아닌 일반 볶음요리 전문점에서도 맛볼 수 있으며 바다 건너 미국의 중식당까지 진출했다.

우경창왕은 돼지 내장과 오리 피, 채소 등을 이용한 마라 맛 요리다. 전형적인 쓰촨 요리처럼 보이지만 사실 정통 쓰촨 음식점에서는 볼 수 없다. 그 이유는 꽤 오래전 타이완의 쓰촨 요리 전문가가 개량한 '타이완식 쓰촨 요리'이기 때문이다.

우경창왕의 원래 이름은 '우경창쉐五更暢血'였다. 피를 뜻하는 '쉐血'가 불길하다고 여겨 중국 서남 지방에서는 동물의 피를 '쉐왕血旺', 오리 선지를 '야쉐왕鴨血旺' 등으로 불렀다. 이런 이유로 우경창왕이라는 이름이 되었다. 또한 '왕旺'은 왕성하다는 뜻으로 창왕은 오랫동안 번성한다는 '창왕長旺'처럼 들린다.

'우경五更'은 새벽 세 시에서 다섯 시를 가리킨다. 여기서는 '우경화로五更爐'라는 의미로 옛날에 밤에 사용했던 작은 화로를 말한다. 우경창왕은 아주 약한 불로 오랫동안 끓이는데 식탁에 작은 화로(알코올 램프)를 두고 따뜻한 온도를 유지하면서 먹는다.*

우경창왕의 원형은 '마오쉐왕毛血旺'이라고 불리던 쓰촨 요리다. 오리

---

* '우경화로'는 고대 귀족이 밤에 공부할 때 하녀가 밤새워 끓이는 작은 화로를 말한다. 출처는 당나라 시인 안진경顏眞卿의 시 「권학勸學」이다. "불을 밝히는 삼경부터 닭이 우는 오경까지, 사내가 독서하기 가장 좋은 때다. 젊어서 일찍이 배움을 실천하지 못하면, 늙어서는 공부가 늦었음을 후회하네三更燈火五更雞, 正是男兒讀書時. 黑髮不知勤學早, 白首方悔讀書遲."

선지와 잘게 썬 소나 양의 내장을 넣고 오래 끓여서 먹는다. '마오퇴'는 쓰촨 요리 '마오차이冒菜'의 '마오冒'가 변형된 것이다. 마오차이는 훠궈처럼 갖가지 재료를 넣고 낮은 온도로 오래 끓인 음식을 가리킨다.

우겅창왕의 인기가 높아지면서 생선이나 새우를 같은 방식으로 조리한 '우겅위五更魚'나 '우겅샤五更蝦' 등이 뒤이어 출시되었다.

웨량샤빙

타이완의 타이 식당에는 '웨량샤빙月亮蝦餠'이라는 유명한 새우 요리가 있다. 역시나 타이완에서 만들어진 타이 음식이다. 하지만 타이완에서는 꽤 오랫동안 진짜 타이 음식으로 알려졌다.

유명한 타이 요리인 텃만꿍 또한 다진 새우에 빵가루를 입혀 튀긴 요리로 일본의 고로케와 비슷해 보인다. 생김새는 다르지만 웨량샤빙도 다진 새우를 쓴다. 춘권 피로 위아래를 감싼 후 앞뒤 면이 노릇하도록 기름에 부친다. 둥근 모양으로 부친 샤빙을 피자처럼 자른다. 보통 여덟 조각으로 나누는데 모서리가 접시의 바깥 방향을 향하게 담는다. 접시 가운데에 타이식 매콤한 소스를 두르면 완성된다.

결국 타이완이 발명한 가짜 타이 요리가 정통 텃만꿍보다 타이완 소비자의 사랑을 더 많이 받게 되었다.

접시에 가지런히 놓인 '웨량샤빙'

찾
아
보
기

먹는 타이완사

1판 1쇄 2024년 3월 11일
1판 2쇄 2024년 5월 24일

지은이 웡자인 조밍쭝
옮긴이 박우재
펴낸이 강성민
편집장 이은혜
마케팅 정민호 박치우 한민아 이민경 박진희 정유선 황승현
브랜딩 함유지 함근아 고보미 박민재 김희숙 박다솔 조다현 정승민 배진성
제작 강신은 김동욱 이순호

펴낸곳 (주)글항아리 | 출판등록 2009년 1월 19일 제406-2009-000002호

주소 경기도 파주시 심학산로 10 3층
전자우편 bookpot@hanmail.net
전화번호 031-955-2689(마케팅) 031-941-5161(편집부)
팩스 031-941-5163

ISBN 979-11-6909-211-1 03910

www.geulhangari.com